신화 속 여인들

신화 속 여인들

지은이 | 차기태

1판 1쇄 펴낸날 | 2021년 6월 30일

펴낸이 | 문나영

펴낸곳 | 필맥
출판신고 | 제2021-000073호
주소 | 경기도 고양시 덕양구 중앙로 542 (행신동, 세신휴미리타운) 910호
홈페이지 | www.philmac.co.kr
전화 | 031-972-4491
팩스 | 031-971-4492

ISBN 979-11-6295-028-9 (03210)

신화 속 여인들

차기태 지음

필맥

서문

인류의 역사는 남성과 여성이 함께 만들어왔다. 다양한 인간군상이 인류역사를 수놓았다. 용기있는 사람이 있었는가 하면 비겁한 사람도 있었다. 선량하고 자신의 의무를 다한 사람이 있었던 반면 사악하고 의무를 저버린 사람들도 한 페이지를 장식했다. 행운을 누린 사람과 불운한 사람이 공존했다. 부지런한 사람과 게으른 사람이 섞여 세계를 만들어냈다.

옛 철인들은 인간을 두 가지 종류로 구분하곤 했다. 고대 그리스의 철인 아리스토텔레스는 고상한 인간과 저열한 인간으로 나누었다. 17세기 네널란드에서 살았던 유대인 철학자 스피노자는 정서나 속견에만 인도되는 사람과 이성에 인도되는 인간으로 구분했다.

논리적으로는 수긍하지만 현실 세계에서는 이런 이분법을 그대로 적용할 수 없다. 이분법으로는 인간의 삶을 제대로 설명할 수 없다. 인간은 이분법의 중간지대에서 복잡한 삶을 살아왔고 또 살아가고 있다.

이는 남성이나 여성이나 다 마찬가지다. 남성 가운데 용기있는 사람이 있었다면 여성 중에서도 마찬가지로 적지 않았다. 자신의 의무를 다한 남성이 사람이 있었다면, 여성들 사이에서도 다르지 않다. 운 좋은 남성과 불운한 남성의 구분은 여성들의 경우에도 적용된다. 남성들을 이런 인간상에 따라 구분할 수 있다면, 여성들의 경우에도 충분히 가능한 일이다. 그 중간지대도 마찬가지다.

다만 남성이 대체로 적극적이고 주도적이었던 반면, 여성들은 수동적이고 소극적인 역할을 주로 맡아왔다. 더욱 큰 차이는 남성의 경우 그 흔적과 기록이 많지만, 여성들은 상대적으로 적다는 것이다. 그렇지만 그 가치에는 아무런 차이가 없다.

동서양의 명저들을 읽으면 이처럼 다양한 인간상을 접할 수 있다. 그리고 그들을 통해 스스로를 돌아보게 된다. 자신을 위한 반성의 거울이 되는 것이다.

특히 그리스로마 신화에 등장하는 인물들은 다양한 인간상의 원형을 보여준다. 현명한 이, 사악한 이, 행운을 누린 이, 불운을 겪은 이가 두루 등장한다. 이들의 이야기는 현대인들에게 삶의 희로애락과 교훈을 느끼게 해준다.

특히 여인들의 이야기는 극적인 반전이 많아서 긴장과 흥미를 더해준다. 모두가 설화에 불과한 이야기이지만, 나름대로 논리적 타당성도 갖춰져 있다.

그렇기에 필자는 신화에 나오는 여성들을 인물 중심으로 정리해보고 싶은 의욕을 갖게 됐다. 그리스로마 신화와 관련된 여러 책과 자료 속 여인들의 행적을 알기 쉽게 정리해 보겠다고 마음먹은 것이다.

따라서 이 작은 책이 독창적인 것은 아니다. 기존의 그리스로마 신화에 등장하는 여러 여성들의 이야기를 짜깁기한 것이라고 볼 수도 있다. 어떤 것은 요약한 수준에 그친 것도 있다. 그럼에도 그런 여성들의 이야기를 개개인별로 정리하면 훨씬 기억하기 좋을 것 같아서 군이 작업을 해봤다.

신화 속 이야기는 경이롭고 신비롭지만, 현실에서 벌어지는 일들은 보다 적나라하고 직접적이다. 어떤 경우에는 더 심하기도 하다. 이를테면 헤라클레스가 열두 가지 고역을 치렀다고 하지만 인간의 삶은 더한 힘겨움의 연속이다. 제우스 신이 난봉행각을 벌였지만, 인간의 역사를 장식한 일부 제왕들은 훨씬 더했다. 욕심을 채우는 데 주저함이 없었다. 제우스 신은 아내 헤라의 제지를 받았지만, 제왕들은 누구의 구속도 받지 않았다. 제우스 신의 사랑을 받았다는 이유로 이오는 자신의 뜻과 무관하게 유랑해야 했지만, 인간 세상에서는 수많은 사람들이 훨씬 더 먼 거리를 본의 아니게 옮겨 다니며 살아야 했다. 게다가 나중에 행복을 찾았던 이오와 달리 많은 사람들이 이렇다 할 행복이나 즐거움을 끝내 누리지 못하고 불행하게 삶을 마감하곤 했다.

요컨대 신화 속의 신과 인물들은 단순히 신화 속의 인물은 아니다. 지금도 우리 곁에 살아 숨쉬고 있다. 이는 필자가 지금까지 그리스로마 신화를 비롯한 신화와 관련된 책을 읽으며 얻은 나름의 결론이기도 하다.

그렇기에 신화의 여러 에피소드를 접할 때마다 인간의 역사와 사회에서 일어나는 많은 사건과 인물들이 연상된다. 그런 과정에서 공감과 동정의 마음이 함께 우러난다. 신화를 읽는 것은 그런 마음이 우러나게 하면서 인간에 대한 이해를 넓히는 과정이라고 할 수 있다. 신화의 여러 이야기가 오늘을 사는 사람들에게 주는 진정한 의의는 바로 여기에 있다고 생각한다.

이 책을 읽으면서 독자들이 신화에서 더 큰 재미를 느끼는 것은 물론,

인생을 살아가는 데 작으나마 유익한 자양분을 얻기 되기를 바라마지 않는다. 또 앞으로 더 깊은 지식을 갖춘 전문가가 더 알기 쉽고 재미있는 책을 내주기를 기대한다.

2021년 5월
경기도 양평의 별이 잘 보이는 집에서
차기태

차 례

칼리스토,
빛나는 별빛으로 나그네의 길잡이가 되다

칼리스토는 아르테미스 여신이 데리고 다니는 요정이었다. 사냥을 좋아하는 아르테미스를 따르는 요정답게 창과 활을 가지고 숲 속을 누비고 다녔다. 여느 여인들과는 달리 몸치장에도 관심을 두지 않았다. 아르테미스는 그런 칼리스토를 매우 아꼈다.

어느 날이었다. 칼리스토는 평소처럼 숲 속을 누비다 풀 위에 잠시 몸을 누이고 쉬고 있었다. 아르카디아 지방의 숲을 지나던 제우스가 그 모습을 보고 한눈에 반했다. 제우스는 칼리스토를 유혹했다. 그러나 사냥의 여신이자 동시에 처녀성의 상징이기도 한 아르테미스를 섬기는 칼리스토는 완강하게 거부했다. 제우스는 포기하지 않았다. 아르테미스의 모습으로 변신해 칼리스토에게 접근했다. 그리하여 마침내 경계를 푼 칼리스토를 범하고 말았다.

아르테미스가 다른 요정들과 함께 돌아왔을 때 칼리스토는 정조를 잃은 사실을 숨겼다. 요정들은 그녀가 평소와 다르게 행동하는 것을 이상하게 여겼지만, 아르테미스는 눈치 채지 못했다. 그러나 아르테미스와 요정들이

아르테미스로 변신하여 칼리스토를 유혹하는 제우스, 장 시몽 베르텔레미

함께 샘에서 목욕을 하는 날 모든 것이 탄로 났다. 아르테미스는 "신성한 샘을 더럽히지 말라"며 칼리스토를 쫓아냈다.

무리에서 쫓겨난 칼리스토는 홀로 아르카스라는 아들을 낳았다. 제우스의 아내인 헤라 여신이 이 사실을 알고 분노했다. 헤라는 칼리스토를 찾아가 그녀의 머리채를 움켜쥐고는 땅바닥에 내동댕이치며 저주를 퍼부었다. 그러자 칼리스토의 몸이 검은 털로 뒤덮이며 곰으로 변했다. 말하는 능력도 사라졌다. 암곰이 돼 버린 칼리스토는 사냥꾼과 늑대 떼를 피해 다녀야만 했다. 그녀는 슬픔에 잠긴 채 제우스의 배신을 원망했다.

세월이 흘렀다. 어느 날 암곰 칼리스토는 숲 속을 떠돌다 사냥 나온 한 소년과 마주쳤다. 그는 열다섯 살이 된 아르카스였다. 칼리스토는 첫눈에 자기 아들을 알아봤다. 몹시도 그리워하던 아들이었다. 훌륭하게 자라서 사냥까지 나온 아들이 참으로 대견스러웠다. 칼리스토는 아들을 안아주고 싶은 마음에 가까이 오라고 손짓하며 다가갔다. 하지만 아들은 어머니를 알아보지 못했다. 아르카스에게 어머니는 그저 곰일 뿐이었다. 가까이 오라는 어머니의 손짓은 곰이 앞발을 휘저으며 자신을 공격하는 모습으로만 보였다. 아르카스는 자신을 위협하는 곰을 향해 창을 겨누었다. 암곰 칼리스토는 아무런 방어도 하지 않았다. 그저 눈앞의 아들이 자신을 알아보지 못하는 것이 가슴 아플 뿐이었다.

제우스는 이러한 상황을 하늘에서 내려다보고 있었다. 자신이 버린 여인이 곰의 모습을 한 채 아들의 손에 죽임을 당할 처지에 놓여 있었다. 모자의 운명은 너무나 가혹했다. 제우스는 양심의 가책을 느꼈다. 자신의 과오를 깊이 후회했다. 아르카스가 암곰 칼리스토를 겨눈 창을 날리려 팔을 뒤로 젖혔다. 절체절명의 순간이었다. 바로 그때 제우스가 창을 든 아르카스의 손을 막았다. 그러고는 안쓰러운 어머니와 아들을 하늘로 들어올렸다. 그렇게 북쪽 하늘로 올라간 모자는 각각 큰곰자리와 작은곰자리가 되었다.

이 소식이 제우스의 부인인 헤라에게 전해졌다. 헤라는 또 한 번 분개했다. 칼리스토가 자식과 함께 하늘로 올라가 빛나는 별이 된 것을 도저히 참을 수가 없었다. 헤라는 바다의 신 오케아노스와 바다의 여신 테티스를 찾아갔다. 그들에게 자신의 분한 마음을 토로하면서 큰 곰과 작은 곰이 바다에서 목욕하지 못하게 해달라고 요청했다. 같은 여신이자 남편을 둔 아내의 입장이어서일까. 테티스는 헤라의 요청을 들어주었다. 이날부터 큰곰자리와 작은곰자리는 북쪽 하늘을 맴돌며 영원히 바다 밑으로 지지 않게 되었다.

칼리스토가 하늘로 올라가 변신한 별자리인 큰곰자리의 꼬리 부분에는 국자 모양의 북두칠성이 들어 있다. 또 큰곰자리와 조금 떨어진 곳에 등을 맞대고 떠 있는 작은곰자리에는 북극성이 포함돼 있다. 북극성과 북두칠성은 일년 내내 북쪽 하늘에 떠있는 데다 다른 별보다 밝아 쉽게 찾아낼 수가 있다. 그래서 예부터 바다를 항해하는 선원들이나 길 떠난 나그네들에게 방향을 알려주는 길잡이 역할을 해왔다. 칼리스토는 원치 않은 사랑을 받은 대가를 너무도 쓰라리게 치렀다. 그렇지만 별이 된 그녀는 인류에게 어둠 속 길잡이가 되었다. 한을 덕으로 승화시킨 셈이다.

알키오네,
남편과 나란히 물총새가 되다

알키오네는 바람의 신 아이올로스의 딸이었다. 그녀는 새벽별의 신 에오스포로스의 아들인 케익스와 결혼했다. 케익스는 트라키아의 왕으로서 소문난 미남자였다. 그는 성품도 온화하고 너그러웠기에 왕국을 평화롭게 다스리고 있었다.

케익스와 알키오네는 서로를 깊이 사랑하며 행복한 나날을 보냈다. 그러던 어느 날 케익스의 형 다이달리온이 딸의 죽음을 비관해 자살하는 일이 일어났다. 아우를 살해한 죄로 쫓겨난 펠레우스(아킬레우스의 아버지)의 망명을 받아들인 후 늑대가 출몰해 양들을 해치는 일도 발생했다. 좋지 않은 일들이 연이어 일어나자 케익스는 불안에 사로잡혔다. 그래서 그는 클라로스에 있는 아폴론 신전에 찾아가 신탁을 물어보기로 했다.

알키오네는 케익스가 클라로스에 다녀오겠다고 하자 불안했다. 사랑하는 남편과 한시도 떨어지기 싫은 이유도 있었지만, 무엇보다 불길한 예감이 들었기 때문이다. 그녀는 케익스에게 굳이 가려거든 바닷길이 아닌 육로로 가라고 권유했다. 바람의 신을 아버지로 둔 알키오네는 풍랑의 위험

알케오네와 케익스, 샤를 앙드레 반 루

을 누구보다도 잘 알고 있었다. 그녀는 바람이 가끔씩 제멋대로 바람의 동굴을 벗어날 때가 있다는 것을 남편에게 상기시켰다. 신의 통제를 벗어난 바람은 무자비한 파괴력으로 많은 것들을 휩쓸어버린다고 알키오네는 거듭 강조했다.

하지만 케익스는 알키오네의 권유를 받아들이지 않고 바닷길을 고집했다. 육로를 통해 클라로스에 가려면 포르바스가 있는 곳을 지나가야만 했기 때문이다. 포르바스는 나그네를 억지로 격투에 끌어들인 뒤 때려죽이는 불한당이었다.

케익스가 바닷길로 이동하겠다는 뜻을 굽히지 않자 알키오네는 그렇다면 자신도 함께 데려가 달라고 간청했다. 그러나 케익스는 아내의 청을 받아들이지 않았다. 험난한 여정에 아내를 끌어들여 고생시키고 싶지 않았던 것이다. 알키오네는 무슨 일이든 함께 겪고 견뎌낼 것이라며 케익스를 설득하려 했다. 케익스는 아내의 말에 감동했지만, 끝내 동행을 허락하지 않았다.

케익스가 클라로스를 향해 출항하는 날 알키오네는 그를 포옹하며 하염없이 눈물 흘렸다. 그런 아내를 보는 케익스도 마음 아팠다. 그는 따뜻한 눈으로 알키오네를 바라보며 달이 두 번 차기 전에 돌아오겠다고 약속하고는 배에 올랐다. 케익스는 뱃머리에 서고 알키오네는 항구에 서서 서로를 향해 손을 흔들었다. 알키오네는 배가 시야에서 완전히 사라질 때까지 자리를 뜨지 않았다.

케익스의 배가 먼 바다에 들어섰다, 갑자기 거센 바람이 불어 닥쳤다. 알키오네의 불길한 예감이 들어맞은 것이다. 풍랑에 휩쓸린 배는 오래 버티지 못하고 침몰했다. 케익스는 간신히 배의 파편을 붙잡고 버텼다. 눈앞에서 사나운 파도가 선원들을 삼키는 장면을 보면서 케익스는 바람의 신인 장인과 아내의 이름을 간절하게 불러댔다. 하지만 그의 외침은 거친 폭풍에 초라하게 묻혀버렸다. 곧이어 그 역시 파도 속으로 사라졌다.

케익스의 배가 풍랑을 만나 침몰한 사실을 알 리 없는 알키오네는 하루도 빠짐없이 신들에게 남편의 무사 귀환을 기원했다. 불안한 마음을 잠재우기 위해 남편이 곧 돌아올 것이라고 끊임없이 자기 암시를 했다. 정성을 다해 남편의 옷도 짓기 시작했다.

자기 남편이 죽은 것도 모르고 매일같이 남편을 위해 기도하는 알키오네를 보며 헤라 여신은 안타까웠다. 헤라는 무지개의 여신 이리스를 불러 알키오네에게 케익스의 소식을 알려주라고 일렀다. 이리스는 잠의 신 힙노스에게 부탁했다. 힙노스는 아들 모르페우스를 케익스의 모습으로 변신시켜 알키오네의 꿈속으로 보냈다.

그날 밤 꿈에서 알키오네는 남편 케익스를 보았다. 그는 물에 흠뻑 젖은 채 창백한 얼굴로 알키오네를 바라보았다. 그리고 슬픈 목소리로 말했다. 자신은 이 세상 사람이 아니니 더 이상 기다리지 말라고 했다. 그는 헛된 희망을 품지 말고 자신의 죽음을 슬퍼해달라는 말을 남기고는 사라졌다.

꿈에서 깬 알키오네는 남편의 배가 난파당했음을 직감했다. 그녀는 한달음에 바닷가로 달려 나갔다. 저만치에 시신 한 구가 파도에 흔들리며 떠 있는 게 보였다. 오매불망 기다리던 남편 케익스였다. 알키오네는 넋이 나간 표정으로 남편의 시신을 향해 손을 뻗었다. 그녀는 그의 죽음을 받아들이기 힘들었다. 그가 없는 삶은 더더욱 받아들일 수가 없었다. 그리하여 그녀는 남편의 주검이 떠 있는 바다로 몸을 던졌다. 한 치의 망설임도 없는 단호한 몸짓이었다.

그 모습을 본 신들이 그녀를 불쌍히 여겨 물총새로 만들어주었다. 새가 된 알키오네는 남편에게 날아가 싸늘하게 식은 남편의 몸을 두 날개로 감싸 안았다. 돋아난 부리로는 남편의 얼굴에 입을 맞추었다. 그 순간 케익스의 몸도 물총새로 변했다. 한 쌍의 물총새는 다정히 물위를 날아올랐다.

물총새가 된 부부는 해마다 겨울이 되면 1~2주 동안 바다 위를 날며 행복한 시간을 보낸다. 이 시기에는 바다의 파도가 잔잔해진다. 바람의 신 아이올로스가 딸과 사위를 위해 바람을 가둬두기 때문이다.

이 이야기에서 영어의 'halcyon days(평온하고 행복한 시절)'란 말이 생겨났다. 핼시언(halcyon)은 알키오네(Alcyone)에서 유래한 단어다.

카이니스,
아름다운 여인에서 무쇠보다 강한 남자로

카이니스는 마그네시아 왕 엘라토스의 딸로 테살리아 지방에서 가장 아름다운 여인이었다. 수많은 남자들이 아름다운 카이니스를 흠모하여 구혼해왔다. 하지만 카이니스는 결혼에 전혀 관심이 없었다.

카이니스가 홀로 바닷가를 산책하던 어느 날이었다. 바다의 신 포세이돈이 카이니스를 보고는 한눈에 반해버렸다. 포세이돈은 욕망을 참지 못하고 그 자리에서 카이니스를 겁탈했다.

그런 일을 벌이고는 미안했는지 포세이돈은 카이니스에게 무엇이든 들어줄 테니 소원을 말하라고 했다. 카이니스는 자신이 예쁘고 연약한 여자라서 원치 않는 수모를 겪었다고 생각했다. 그런 일을 두 번 다시 겪고 싶지 않았던 그녀는 자신을 남자로 변신시켜달라고 했다.

포세이돈은 카이니스의 요청을 들어주었다. 뿐만 아니라 그 무엇으로도 상처를 낼 수 없는, 무쇠보다 강한 몸으로 만들어주었다. 남자가 된 카이니스는 이름을 카이네우스로 바꾸고 모험에 참여했다. 황금양털을 찾으러 콜키스 왕국으로 떠난 아르고호 원정대에 참여했고, 칼리돈 왕국을 들쑤

시는 멧돼지를 퇴치한 영웅들의 모험에도 가담했다. 그때마다 맹활약을 펼치며 무적의 용사로 이름을 떨쳤다.

카이네우스는 영웅들의 모험에 몇 차례 함께 참여했던 동료이자 같은 라피타이 족인 페이리토오스의 결혼식에 참석했다. 아버지 익시온의 뒤를 이어 라리사 왕국을 다스리던 페이리토오스의 결혼식에는 켄타우로스 족도 와 있었다. 상반신은 인간이고 하반신은 말의 모습을 한 종족이었다. 이들은 익시온이 헤라로 착각한 구름과 정을 통해 낳은 자식들로서, 페이리토오스와는 배다른 형제 사이였다.

결혼식이 끝나고 열린 피로연에서 한창 분위기가 무르익고 있었다. 그때 만취한 켄타우로스들이 난동을 부리기 시작했다. 켄타우로스들 가운데 에우리토스가 페이리토오스의 신부 히포다메이아를 끌고 가서는 겁탈하려 했다. 그러자 다른 켄타우로스들도 라피타이 족 여자들을 마구잡이로 붙잡아가기 시작했다.

페이리토오스는 분노했다. 그 자리에는 페이리토오스의 둘도 없는 친구이자 그리스 최고의 영웅 중 하나인 테세우스도 있었다. 친구의 신부가 희롱당하는 것을 본 테세우스는 그 자리에서 포도주가 든 술통으로 내리쳐서 에우리토스를 죽였다. 이를 시작으로 라피타이 족과 켄타우로스 족 사이에 격렬한 싸움이 벌어졌다.

라피타이 족 무적의 용사로 이름을 떨치던 카이네우스도 이 싸움에서 맹활약했다. 카이네우스는 순식간에 켄타우로스 족 여러 명을 죽이거나 치명상을 입혔다. 켄타우로스 무리 중에서 라트레우스가 마케도니아 장칼을 휘두르며 카이네우스를 공격했다. 라트레우스는 카이네우스가 원래 여자였음을 알고는 쉽게 생각했다. 그는 카이네우스를 공격하면서 싸움은 남자들에게 맡기고 집에 가서 물레를 돌려 실이나 뽑으라며 비아냥거렸다.

라트레우스가 칼로 카이네우스를 가격했다. 그러나 칼은 대리석에 부딪힐 때처럼 챙 하는 소리를 내면서 튕겨져 나왔다. 그 틈을 노려 카이네우스가 라트레우스에게 창을 던졌다. 창은 사람의 몸과 말의 몸이 이어지는 부분에 정확히 명중했다. 라트레우스는 치명상을 입고도 사력을 다해 공격했다. 그의 창과 칼이 연거푸 카이네우스의 몸을 찔렀다. 그러나 창은 튕겨졌고, 칼은 두 동강으로 쪼개졌다. 카이네우스는 얼이 빠진 라트레우스에게 아무런 상처도 입지 않은 자신의 몸을 보여주면서 의미심장한 미소를 지어 보였다. 그러고는 라트레우스를 향해 최후의 일격을 가했다.

라트레우스가 어이없이 당하는 것을 보고는 다른 켄타우로스들이 카이네우스에게 떼로 달려들었다. 그들은 동시에 카이네우스의 얼굴과 몸 등을 칼과 창으로 마구 찔렀다. 하지만 이번에도 칼과 창은 모두 튕겨져 나갔다. 여럿이 한꺼번에 공격하고도 카이네우스에게 상처 하나 입히지 못하자 켄타우로스들은 무척 자존심이 상했다. 게다가 그들은 카이네우스를 여전히 여자라고 생각하고 우습게 여겼다. 거칠고 거대한 켄타우로스 무리가 여자 하나 해치우지 못하는 현실을 그들은 도저히 받아들일 수가 없었다.

켄타우로스들은 무기로는 카이네우스를 죽일 수 없다는 것을 깨닫고 다른 방법을 생각해냈다. 그들은 힘을 합쳐 거대한 떡갈나무 한 그루를 뿌리째 뽑아내어 카이네우스를 향해 던졌다. 카이네우스가 그 나무에 깔리자 그들은 우르르 달려가서는 온 힘을 다해 나무를 찍어 눌렀다. 거대한 나

라피타이 족 여자들을 끌고 가는 켄타우로스들, 페테르 파울 루벤스

무의 무게와 덩치 큰 켄타우로스 무리들의 무게가 더해지자 카이네우스가 깔려있는 땅이 꺼지기 시작했다. 카이네우스는 빠져나오려고 발버둥쳤지만, 그럴수록 구덩이는 더 깊어졌다. 구덩이 속 흙이 카이네우스의 입과 코로 흘러들어갔다. 카이네우스는 숨 쉬기가 힘들었으며 온 몸의 힘이 빠지는 것을 느꼈다. 얼마 지나지 않아 카이네우스는 숨이 끊어졌다. 마지막 순간, 카이네우스의 영혼은 황갈색 새가 되어 구덩이와 나무 사이를 빠져나와 하늘로 날아갔다.

카이네우스의 최후를 본 라피타이 족 용사들은 끓어오르는 분노를 느꼈다. 그들은 피로연 자리에 있던 그리스 영웅들과 함께 힘을 합쳐 켄타우로스들을 물리쳤다. 이 싸움에서 패한 켄타우로스 족은 근거지인 펠리온 산에서 쫓겨나 펠로폰네소스 반도로 도망갔다.

알케스티스,
남편을 대신해 죽기로 결심하다

이올코스의 공주 알케스티스는 아름답고 착하기로 소문이 자자해 구혼자들이 줄을 이었다. 페라이 왕국의 왕 아드메토스도 그들 중 한 사람이었다. 알케스티스의 아버지는 구혼자들 중 가장 용맹한 사람에게 딸을 시집보내겠다면서 사자와 멧돼지를 수레에 매달고 달리는 경주를 벌였다. 아드메토스는 아폴론 신의 도움을 받아 경주에서 승리하고 알케스티스와 결혼했다.

서로 사랑하며 행복한 나날을 보내던 두 사람 앞에 시련이 닥쳤다. 아드메토스가 불치병에 걸려 죽음을 눈앞에 두게 된 것이다. 불행 중 다행으로 아드메토스를 총애한 아폴론 신이 한 가닥 희망을 안겨주었다. 아드메토스를 대신해 죽겠다는 사람이 나타난다면 죽음을 피할 수 있다는 내용이었다.

그렇지만 아드메토스 대신 죽겠다는 사람은 나타나지 않았다. 늙은 부모도 아들을 위해 죽으려 하지 않았다. 그때 아내 알케스티스가 나섰다. 남편을 대신해 희생하기로 마음먹은 그녀는 몸을 정갈하게 하고 경건하게 죽음을 기다렸다.

알케스티스는 담대히 죽음을 받아들이겠다고 마음먹었다. 그러나 막상 죽음의 시간이 다가오자 두려워졌다. 그녀는 여전히 따사로운 햇빛을 즐기고 싶었으며, 사랑하는 것들과의 작별이 아쉽고 슬펐다. 눈물이 뺨을 타고 흘러내렸다. 그녀는 자식들의 뺨에 입맞춤을 하며 이별을 고했다. 하인들에게도 일일이 손을 내밀어 작별인사를 했다.

그녀는 마지막 순간까지 남편과 이야기를 나누었다. 아들을 대신해 죽기를 거부한 연로한 시부모님에 대한 원망도 숨기지 않았다. 무엇보다도 그녀는 아이들이 걱정됐다. 엄마 없이 살아가는 동안 아이들이 불행해질지도 모른다는 생각 때문에 괴로웠다. 특히 그녀는 남편의 재혼이 아이들에게는 재앙이 될 것이라며 걱정했다. 그래서 남편에게 절대로 아이들을 계모에게 맡기지 말라고 여러 번 당부했다.

아내의 목숨을 대가로 생을 유지하게 된 아드메토스 역시 마음이 편하지 않았다. 어쩌면 자신이 죽는 것보다 더 슬프고 괴로운 일이었을 것이다. 그는 알케스티스에게 그녀가 세상을 떠난 후 결코 재혼하지 않을 것이며, 평생 그녀를 애도하면서 술과 향연을 즐기지 않겠다고 다짐했다. 죽음을 눈앞에 둔 알케스티스의 마음을 조금이나마 위로해 보려는 말이었다. 자기를 위해 희생해주는 데 대한 감사의 뜻도 담고 있었다. 그러나 그 모든 말들이 알케스티스의 귀에 곧이곧대로 들렸을까?

알케스티스는 아이들에게 마지막 작별인사를 하고 죽음의 사자에게 자신을 내맡겼다. 이윽고 집안 전체가 깊은 시름과 슬픔에 잠겨들었다.

이 무렵 헤라클레스가 페라이 왕궁을 방문했다. 열두 가지 과업을 수행

알케스티스의 영혼을 거두려는 죽음의 신과 싸우는 헤라클레스, 프레드릭 레이튼

하러 가는 도중에 들른 것이었다. 막 숨을 거둔 아내를 애도하던 아드메토스는 슬픔을 억누른 채 정중하게 손님을 맞이했다. 아드메토스의 눈에 눈물이 맺힌 것을 본 헤라클레스는 사람들로부터 알케스티스의 죽음에 얽힌 이야기를 전해 들었다.

감동한 헤라클레스는 아드메토스를 위로했다. 신이 부여한 운명은 참고 견뎌야 한다고 타일렀다. 아내와 사별하는 사람은 수없이 많다고 헤라클레스는 말했다. 오래도록 비탄에 빠져 있는 것은 남은 가족들과 스스로에게 아무 도움이 되지 않으니 하루빨리 슬픔을 털고 일어서라고 권유했다.

이렇듯 헤라클레스는 아드메토스에게 주어진 운명을 받아들이라고 말하면서도 한편으로는 그 운명을 반전시킬 일을 꾀했다. 헤라클레스는 알케스티스의 영혼을 거두어 가고 있는 죽음의 신 타나토스를 뒤쫓아 갔다. 헤라클레스와 타나토스 사이에 한바탕 격투가 벌어졌다. 결과는 초인적인 힘을 지닌 헤라클레스의 승리로 끝났다. 헤라클레스는 되살아난 알케스티스를 아드메토스에게 데려다 주고는 다시 길을 떠났다.

뜻밖의 기적이자 행운이었다. 알키스티스와 아드메토스가 경건하고 착한 심성을 지니고 있었기에 이렇듯 좋은 결과를 얻을 수 있었던 것이다. 우리의 효녀 심청 이야기도 이와 유사하다. 심청은 아버지를 위해 희생했고 알케스티스는 남편을 위해 죽는다는 것만 다르다. 이들의 희생이 감동을 주어 행복을 가져온다는 이야기의 틀은 거의 같다.

메데이아,
사랑에 눈멀어 악녀가 되다

어느 날 그리스 청년들이 탄 배가 콜키스 왕국의 항구에 들어왔다. 그들은 황금양털을 구하려고 모험에 나선 영웅들이었다. 그 황금양털이 콜키스에 있었던 것이다.

황금양털이 콜키스에 있게 된 계기는 이러하다. 테살리아의 왕비 네펠레는 남편에게 이혼당한 뒤 자기 딸과 아들을 나쁜 계모에게서 도피시키려고 했다. 그때 헤르메스 신이 하늘을 나는 황금양을 보내주었다. 아이들은 그 황금양을 타고 테살리아를 탈출해 동쪽으로 갔다. 도중에 딸은 바다로 떨어져 죽었으나, 아들은 무사히 콜키스 왕국에 도착했다. 아들은 우선 타고 간 황금양을 제우스 신에게 제물로 바쳤다. 이어 양털은 이방인인 자신을 따뜻하게 맞아준 콜키스의 왕 아이에스테스에게 선물했다. 아이에스테스 왕은 그것을 아무도 훔쳐가지 못하도록, 잠들지 않는 용이 지키고 있는 성스러운 숲에다 보관해 두었다.

그리스의 젊은 모험가들을 이끄는 사람은 이올코스의 왕족 이아손이었다. 이아손은 빼앗긴 왕권을 되찾기 위해 삼촌 펠리아스를 찾아갔다. 그러나 펠리아스는 왕위를 돌려줄 마음이 없었다. 그래서 실현이 불가능하다고 생각되는 제안을 했다. 콜키스의 황금양털을 구해오면 왕위를 이양하겠다는 제안이었다. 이아손은 그 제안을 받아들였다. 막상 제안을 받아들이긴 했지만 이아손은 어찌해야 할지 막막했다. 그러다가 아르고스의 조언에 따라 아르고 호라는 배를 짓고 그리스 전역에서 영웅들을 불러 모았다.

쉰 명의 영웅들이 모여 '황금양털 원정대'가 구성됐다. 원정대는 그야말로 스타 군단이었다. 천하장사 헤라클레스와 아테네 영웅 테세우스, 당대 최고의 연주자 오르페우스, 백조로 변신한 제우스와 스파르타 왕비 레다 사이에서 태어난 카스토르와 폴리데우케스 등 모두가 내로라하는 유명인이었다.

콜키스에 도착한 이아손은 아이에스테스 왕을 찾아가 황금양털을 달라고 요구했다. 왕은 이아손의 요구에 까다로운 조건으로 응수했다. 청동 말굽을 가졌으며 콧구멍에서 불을 내뿜는 황소 두 마리에게 멍에를 씌워 땅을 갈고 그곳에 용의 이빨을 뿌리면 황금양털을 내주겠다는 것이었다. 거의 해내기 힘든 일이었다. 황금양털을 내주기 싫어서 내건 터무니없는 조건이었다.

어찌할 바를 모르고 있는 이아손 앞에 한 여인이 나타났다. 아이에스테스 왕의 딸 메데이아였다. 그녀는 이아손의 늠름한 모습을 보고 첫눈에 반해 사랑에 빠졌다. 그녀는 이아손을 도와주고 싶은 마음이 간절했다. 그렇지만 그것은 아버지를 배신하는 짓이었다. 아버지와 조국에 대한 사랑과 어느 날 갑자기 등장한 미지의 청년을 향한 짝사랑 사이에서 그녀는 갈등했다. 이성적인 판단을 따르면 이아손을 도와주지 말아야 했다. 그러나 그

메데이아와 이아손, 존 윌리엄 워터하우스

녀의 마음은 이아손을 도와주라 했다. 이 기회를 놓치면 그를 영영 잡지 못할 것이라 재촉했다. 이성과 감성이 치열하게 대립한 끝에 마침내 감성이 승리했다. 그녀는 이아손에게 아버지가 내건 조건을 해결할 수 있게 도와주겠다고 했다. 대신 콜키스를 떠날 때 자신도 데려가서 아내로 맞겠다는 언약을 해달라고 이아손에게 요구했다. 이아손은 메데이아의 요구를 받아들였다. 두 사람은 함께 헤카테 여신의 신전으로 가서 결혼 서약을 했다.

이아손은 메데이아가 준 마법의 방패와 창을 들고 아이에스테스 왕이 내준 과업을 해결하러 갔다. 두 마리의 황소가 코로 불을 내뿜자 주변 모든 것이 새카맣게 타거나 녹아내렸다. 그러나 메데이아에게 받은 방패로 불을 막은 이아손은 멀쩡했다. 이아손은 담대히 황소들에게 다가가서 멍에를 씌운 후 땅을 갈고 용의 이빨을 뿌렸다. 용의 이빨을 뿌린 곳에서 병사들이 돋아났다. 이아손은 메데이아에게 받은 창으로 병사들을 모두 물리쳤다.

이아손이 약속한 과업을 이루어냈음에도 아이에스테스 왕은 황금양털을 내주지 않았다. 메데이아는 이아손과 함께 황금양털이 있는 곳으로 가서 준비해온 몰약을 용의 주변에 뿌렸다. 그러자 한 번도 잠들지 않았던 용이 잠들었다. 두 사람은 황금양털을 가지고 아르고 호에 올라탄 뒤 서둘러 콜키스를 떠났다.

이를 안 아이에스테스 왕은 곧바로 이아손 일행을 뒤쫓기 시작했다. 메데이아는 아버지의 추격을 늦추기 위해 잔혹한 배신극을 벌였다. 이럴 경우를 예상하여 데리고 간 이복동생을 죽이고 그 시신을 토막 내어 바다에 던졌다. 아이에스테스 왕이 흩어진 아들의 시신을 수습하는 동안 아르고 호는 유유히 추격을 벗어났다.

이올코스로 돌아간 이아손은 노쇠하여 죽음이 머지않은 아버지를 보며 안타까워했다. 메데이아는 사랑하는 이아손을 위해 마법을 써서 그 아버지의 젊음을 되찾아주었다. 그것을 본 이올코스 왕 펠리아스의 딸들이 메데이아에게 자신들의 아버지도 젊게 만들어달라고 부탁했다. 메데이아는 펠리아스가 이아손 집안의 왕권을 빼앗아 왕이 되었다는 사실을 알고 있었다. 그래서 펠리아스 딸들의 요청을 들어주는 척 속임수를 써서 펠리아스를 잔인하게 죽였다.

펠리아스를 죽인 일로 메데이아와 이아손은 이올코스에서 추방되었다. 두 사람은 코린토스로 갔다. 한동안 둘은 행복한 시간을 보냈다. 사랑의 결실인 아이도 둘이나 태어났다. 그러나 행복은 그리 오래가지 않았다. 메데이아는 이아손과 맺은 사랑의 서약이 영원하리라 믿었으나, 믿음은 무참히 깨졌다. 이아손은 메데이아를 버리고 코린토스의 공주 글라우케를 아내로 맞이하려 했다. 코린토스 왕 크레온은 자기 딸과 이아손을 결혼시키기 위해 메데이아에게 추방령을 내렸다.

이아손의 변심을 안 메데이아는 분노했다. 그를 위해 동생을 죽이면서까지 아버지를 배신한 것을 뼈저리게 후회했다. 사랑을 위해 모든 것을 버리고 무자비한 악녀가 되기를 자처했으나, 결국은 그 사랑에 버림받고 말았다. 그녀는 자신이 불운한 여인임을 그제야 비로소 깨달았다.

메데이아는 잔혹한 복수를 결심했다. 이아손의 결혼식 날 독이 묻은 웨딩드레스와 황금머리띠를 보내 신부와 그 아버지를 죽였다. 뿐만 아니라 자기가 낳은 두 아이마저 제 손으로 살해했다. 이아손에게 자식을 잃는 아픔을 주고 그 집안의 씨를 말려버리고 싶었던 것이다.

복수를 끝낸 메데이아는 아테네 왕 아이게우스의 도움을 받아 코린토스를 탈출했다. 얼마 뒤에는 아이게우스와 결혼해 아들 메도스를 낳았다. 그러나 이 행복 역시 그리 오래가지 않았다. 테세우스가 아버지 아이게우스를 찾아오자 메데이아는 테세우스를 죽이려고 음모를 꾸몄다. 음모는 실패했고, 그녀는 아들과 함께 아테네에서 추방됐다.

메데이아의 삶은 거듭된 배신으로 채워졌다. 이 안타까운 비극은 그녀 자신으로부터 비롯된 것이었다. 그러므로 그녀는 자신의 불행을 그 누구의 탓으로도 돌릴 수 없었다. 오롯이 홀로 감내해야만 했다.

아테네에서 추방된 메데이아는 아버지의 왕국 콜키스로 갔다. 돌고 돌아 결국 고향으로 간 것이다. 우여곡절 끝에 메데이아는 아들 메도스를 콜키스의 왕으로 만들었다. 메도스는 훗날 자신이 다스리는 왕국의 이름을 메디아로 바꾸었다. 메디아 왕국은 페르시아 왕국의 전신이다.

일설에 의하면 메데이아는 죽은 뒤 축복의 땅 엘리시온으로 가서 트로이 전쟁의 영웅 아킬레우스와 함께 살았다고 한다. 엘리시온은 우리말로 번역하면 '천국' 또는 '낙원'쯤 되는 곳이다. 아무리 설화이지만, 납득하기 어려운 이야기다. 배신과 끔찍한 살인을 거듭한 메데이아가 죽어서 천국에 갔다는 이야기는 아무런 설득력을 갖추지 못한다. 에피소드마다 그 나름의 적절한 타당성을 갖추고 있는 그리스 신화에도 어울리지 않는다.

페르세포네,
농번기와 농한기가 생긴 이유

대지와 곡물의 여신 데메테르에게는 딸이 하나 있었다. 딸의 이름은 페르세포네, 눈부시게 아름다운 소녀였다. 여신은 뭇 남성들이 쉽게 넘볼 수 없는 안전한 곳에 딸을 숨겨두고 애지중지 키웠다.

어느 화창한 날 페르세포네는 시칠리아의 숲에서 친구들과 어울려 꽃놀이를 하고 있었다. 때마침 저승의 신 하데스도 지상 세계를 돌아보러 그곳을 지나가고 있었다. 아프로디테 여신이 이 모습을 보고는 아들 에로스를 불렀다. 여신은 아들에게 하데스의 심장에 사랑의 화살을 쏘게 했다. 사랑과 욕망의 여신인 아프로디테는 남자와 거리를 두며 처녀성을 지키고 있는 페르세포네를 못마땅하게 여기고 있었다.

에로스의 화살은 하데스의 심장을 정확히 꿰뚫었다. 그 순간 하데스는 눈앞에 있던 페르세포네에게 마음을 빼앗기고 말았다. 이성을 잃은 하데스는 순식간에 페르세포네의 허리를 휘감아 말 위로 끌어올렸다. 놀란 페르세포네는 몸부림을 치며 저항했다. 그녀의 옷자락이 찢어지면서 치마폭에 담아둔 갖가지 꽃들이 흩어졌다. 페르세포네는 어머니를 애타게 부르며 살려달라고 소리쳤다. 함께 있던 요정이 페르세포네를 붙들고 어떻게든 구해보려 애썼지만 소용없었다. 페르세포네를 낚아챈 하데스는 세차게 말을 달려 사라져버렸다.

데메테르 여신은 뒤늦게야 딸이 납치된 것을 알았다. 여신은 사라진 딸을 찾아 헤맸다. 낮뿐만 아니라 밤에도 횃불을 들고 다니며 딸의 행방을 캐물었다. 세상 구석구석 가보지 않은 곳이 없었다. 그러나 누구도 딸의 행방을 귀띔해주지 않았다.

데메테르 여신은 분노했다. 분노는 세상을 향했다. 여신은 배은망덕한 이들은 대지의 축복을 받을 자격이 없다고 비난했다. 곡식을 가꾸는 쟁기를 부수고 쟁기 끄는 황소의 다리도 부러뜨렸다. 씨앗을 말라죽게 하거나 새들이 쪼아 먹게 했다. 세상에 극심한 가뭄이 시작됐다. 기름진 대지는 불모지로 변했다. 밭에는 잡초가 무성해졌다. 그 잡초들은 무엇으로도 제거할 수 없었다.

샘의 요정 아레투사는 페르세포네의 행방을 알고 있었다. 원래는 숲의 요정이었던 아레투사는 사냥감을 쫓던 중에 강물에 몸을 담갔다가 강의 신 알페이오스에게 납치될 뻔한 일이 있었다. 당시 그녀는 절체절명의 순간에 아르테미스 여신에게 도움을 청했다. 여신은 땅을 갈랐다. 아레투사는 몸을 담근 물과 함께 땅 속으로 빨려 들어가면서 알페이오스의 손아귀를 벗어날 수 있게 됐다. 아레투사는 땅 밑 지하 세계를 흘러 흘러 마침내 시칠리아에 있는 샘으로 나오게 되었다. 그녀는 이렇게 흘러가는 도중에 납치된 페르세포네를 보았다.

아레투사는 땅이 메말라 가뭄에 굶어죽는 이들이 속출하는 것을 보며 마음이 아팠다. 그래서 데메테르 여신에게 자신이 지하 세계에서 저승의 신 하데스의 부인이 된 페르세포네를 보았으니, 그만 노여움을 풀라고 말했다.

마침내 딸의 행방을 알게 된 데메테르는 최고신 제우스를 찾아갔다. 여신은 하데스가 딸을 훔쳐갔다고 일렀다. 그리고 딸이 도둑의 아내가 되게 할 순 없으니 돌아오게 해달라고 간절히 청했다. 제우스는 입장이 난처했다. 뜻하지 않게 딸을 빼앗긴 데메테르가 안타깝긴 했지만, 무작정 하데스에게 페르세포네를 돌려보내라고 할 수도 없었다.

제우스는 하데스가 페르세포네를 납치한 것은 과도한 사랑의 표현이라며 두둔했다. 그러면서도 하데스의 방식은 잘못된 것임이 분명하니 페르세포네가 돌아올 수 있게 하겠다며 여신의 마음을 달랬다. 제우스는 한 가지 단서를 달았다. 페르세포네가 저승에서 아무것도 먹지 않고 있어야만 지상으로 데려올 수 있다는 것이었다. 저승의 음식을 먹고 난 뒤에는 저승의 구성원이 되어버리기 때문이었다.

제우스 신의 전령인 헤르메스가 페르세포네를 밝은 곳으로 이끌 아침의 여신과 함께 저승 세계로 갔다. 데메테르는 딸이 그동안 아무것도 먹지 않은 채로 지내고 있기를 간절히 바랐다. 그러나 이미 페르세포네는 저승의 정원에 있는 석류나무에서 일곱 개의 열매를 따먹은 뒤였다. 이제 페르세포네를 지상 세계로 데려올 수가 없게 됐다. 돌이킬 수 없었다.

데메테르 여신은 현실을 받아들이지 않았다. 여신은 끝까지 딸을 포기하지 않았다. 그런 여신을 위해 제우스는 절충안을 냈다. 한 해 중 반년은 지상으로 나와 어머니와 함께 살고, 나머지 반년은 저승에서 남편과 함께

페르세포네를 납치하는 하데스, 루퍼트 버니

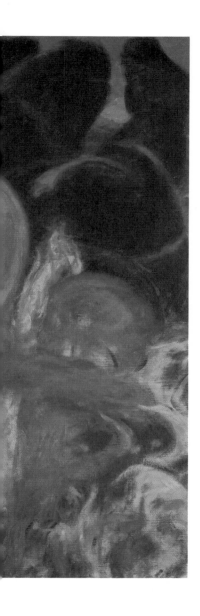

사는 것이었다. 데메테르와 하데스는 절충안을 받아들였다.

이렇게나마 딸을 되찾게 된 데메테르 여신은 세상을 향한 분노를 거두어들였다. 가뭄이 멈춘 대지는 다시 씨앗을 품을 수 있게 됐다. 여신은 한 소년을 데려다가 씨앗을 뿌리는 법과 쟁기를 사용하는 법을 가르치고 그것을 세상에 널리 전파하게 했다.

페르세포네가 지상에서 어머니와 함께 지내는 동안 대지는 활발하게 싹을 틔우고 곡식을 키워냈다. 다만 데메테르 여신은 딸이 저승 세계에 가 있는 반년 동안은 곡물 돌보는 일을 소홀히 했다. 세상에 농번기와 농한기가 생겨난 것은 바로 페르세포네의 납치극에서 비롯된 셈이다.

프시케,
시련 끝에 얻은 사랑

어느 왕국의 셋째 공주인 프시케는 무척이나 아름다웠다. 그녀의 눈부신 미모에 관한 소문은 세상 곳곳으로 퍼져나갔다. 프시케를 보려는 사람들이 구름처럼 몰려들었다.

반면에 미와 사랑의 여신 아프로디테는 사람들에게서 점점 잊혀져갔다. 여신의 제단에 꽃을 바치던 사람이 점점 줄어드는가 싶더니 급기야 뚝 끊어졌다. 여신은 심기가 불편해졌다. 달라진 자신의 처지를 받아들일 수가 없었다. 여신은 자신이 이런 모욕을 당하게 된 것은 프시케 때문이라고 생각했다. 프시케를 불행에 빠트려야만 금이 간 자존심을 조금이나마 회복할 수 있을 것 같았다. 여신은 계략을 짰다. 아들 에로스의 화살을 이용해 프시케가 세상에서 가장 추하고 사악하고 타락한 남자와 사랑에 빠지게 할 셈이었다.

에로스는 어머니의 요청을 받고 프시케를 찾아갔다. 프시케는 깊은 잠에 빠져 있었다. 에로스는 사랑의 쓴 맛을 보게 하는 물에 화살촉을 적시고는 프시케의 심장에다 갖다 댔다. 그 순간 곤히 잠든 프시케의 얼굴이 에로스의 시야를 가득 채웠다. 과연 아름다웠다. 에로스가 잠시 넋을 놓고 바라보는데 갑자기 프시케가 눈을 떴다. 화들짝 놀란 에로스는 얼떨결에 들고 있던 화살을 자기 몸에다 찔러 넣고 말았다.

그즈음 프시케의 부모는 그녀의 결혼 문제로 골머리를 썩고 있었다. 혼기가 찼음에도 불구하고 청혼하는 사람이 없었기 때문이다. 눈부신 미모가 오히려 결혼에 방해가 됐다. 프시케의 아름다움에 관한 명성이 너무 높은 나머지 누구도 감히 청혼할 용기를 내지 못했던 것이다. 궁리 끝에 그녀의 부모는 아폴론 신에게 신탁을 구했다. 신은 프시케는 인간이 아닌 괴물의 아내가 될 운명이라고 했다. 그러면서 결혼 예복을 입힌 프시케를 험준한 산 절벽 위에 두고 가면 그 괴물이 와서 데려 갈 것이라고 말해주었다.

프시케의 부모는 눈에 넣어도 아프지 않을 딸을 괴물에게 시집보내는 것에 가슴 아팠다. 그렇지만 신탁을 거스를 수 없었다. 결국 프시케는 웨딩드레스 차림으로 어느 산꼭대기 바위 위에 홀로 남겨졌다. 프시케는 두렵고 외로워서 울기 시작했다.

그때 서풍의 신 제피로스가 나타났다. 제피로스는 울고 있는 프시케를 감싸 올려 어디론가 향했다. 잠시 후 제피로스는 꽃이 만발한 풀숲에다 프시케를 내려두고 떠났다. 그곳에서 프시케는 깜박 잠이 들었다.

얼마 뒤 잠에서 깨어난 프시케는 풀숲을 거닐다가 아름다운 궁전을 발견했다. 프시케가 궁전을 둘러보고 있는데 어디선가 목소리가 들려왔다. 목소리는 프시케를 궁전의 안주인이라 불렀다. 안으로 들어가 목욕을 하고 있으면, 그동안 식사를 준비해두겠다는 말도 들렸다. 목소리가 말한 대로 몸을 씻고 밥을 먹으니 밤이 되었다. 프시케는 침실로 가서 잠을 청했다.

어둠 속에서 누군가 프시케의 곁으로 다가왔다. 얼굴은 볼 수 없었지만, 무척 다정다감한 사내였다. 둘은 달콤한 밤을 보냈다.

얼굴을 알 수 없는 사내는 매일 밤 프시케를 찾아와서 사랑을 속삭이고는 동이 트기 전에 어디론가 사라졌다. 그 사내는 다름 아닌 에로스였다. 프시케를 찌를 화살에 스스로 찔린 후 에로스는 프시케를 사랑하게 되었다. 그래서 어머니 몰래 아폴론 신을 찾아가서 프시케를 자신의 여인으로 만들 수 있게 해달라고 부탁했던 것이다.

프시케 역시 늘 달콤하고 포근한 에로스를 사랑하게 되었다. 그녀는 사랑하는 이의 모습이 너무 궁금했다. 하지만 얼굴을 볼 수 있게 해달라는 그녀의 요구는 받아들여지지 않았다. 에로스는 변치 않을 자신의 사랑만을 믿으라고 설득했다. 단호하지만 부드럽게 속삭였다. 프시케는 에로스의 말을 따랐다.

행복은 오래가지 않았다. 프시케는 모처럼 만에 재회한 두 언니의 꾐에 빠져 에로스의 믿음을 져버리고 말았다. 여느 때처럼 달콤한 밤을 보낸 후 에로스는 깊은 잠에 빠졌다. 그 틈에 프시케는 불을 밝혀들고 에로

잠든 프시케를 바라보는 에로스, 안토니 반 다이크

스에게 다가갔다. 불빛 아래에는 눈부시게 아름다운 청년이 누워 있었다. 그는 아폴론 신의 신탁이나 언니들이 말한 것과 같은 괴물이 아니었다. 프시케의 행복감은 절정에 달했다. 바로 그 순간 불을 밝힌 등에서 기름 한 방울이 에로스의 몸 위로 떨어졌다. 잠에서 깬 에로스는 자기를 내려다보고 있는 프시케를 보고는 탄식했다. 그는 어머니를 거역하면서까지 사랑을 선택한 자신을 믿지 않은 프시케를 나무랐다. 그리고 영원한 이별을 고하고 떠났다.

프시케는 때늦은 후회를 하면서 울고 또 울었지만, 에로스는 돌아오지 않았다. 그날 이후 프시케는 에로스를 찾아 헤맸다. 그러던 어느 날 대지와 곡물의 여신 데메테르의 신전에 가게 됐다. 데메테르 여신은 프시케가 안쓰러웠다. 여신은 프시케가 겪은 일이 미의 여신 아프로디테의 노여움에서 비롯된 것이라며 자초지종을 설명해주었다.

프시케는 아프로디테 여신의 신전을 찾아가 용서를 구하고 에로스를 만나게 해달라고 빌었다. 하지만 여신은 노여움을 거두지 않았다. 여신은 자신의 시녀인 '고독'과 '슬픔'을 시켜 프시케를 괴롭혔다. 프시케가 해내기 힘든 일도 시켰다.

여신은 프시케를 곡물 창고로 데려갔다. 그곳에는 밀, 보리, 수수, 콩 등의 곡식이 마구 뒤섞여 있었다. 여신은 밤이 오기 전에 그것들을 종류별로 분리하여 정리해두라고 시켰다. 프시케는 열심히 일했지만, 도무지 정리될 기미가 보이지 않았다. 절망에 빠진 프시케가 일손을 놓고는 멍하니 앉아 있는데, 개미떼가 창고로 몰려 들어왔다. 개미들은 순식간에 곡식들을 분리하여 정리해놓았다.

다음 날 아프로디테 여신은 프시케에게 강 건너 풀숲에 사는 황금빛 양들의 털을 깎아 오라고 했다. 프시케가 양털을 깎으러 강을 건너려는데 강가에 자란 갈대들이 그녀를 붙잡았다. 갈대들은 프시케에게 황금털을 가진 양들이 인간을 해치는 사나운 동물이라고 말해주었다. 그러니 밤이 되어 양들이 깊은 잠에 빠졌을 때 풀숲으로 건너가 가시덤불에 걸린 양털을 모아가라고 귀띔해주었다.

프시케가 황금 양털을 가져오자 아프로디테 여신은 또 다른 일을 시켰다. 항아리를 건네주며, 험한 산꼭대기에 있는 샘에서 물을 받아오라고 했다. 이 일은 제우스 신이 데리고 있는 독수리가 대신 해주었다. 에로스의 부탁 덕분이었다. 제우스는 트로이 왕자 가니메데스를 납치할 때 에로스의 도움을 받은 일이 있었는데, 그 빚을 갚은 것이다.

아프로디테 여신은 자기 아들과 다른 신들의 도움을 받아 맡겨진 일들을 척척 해내는 프시케가 더욱 눈꼴사납게 여겨졌다. 여신은 프시케를 불러 저승 세계로 내려가서 저승의 신 하데스의 부인 페르세포네에게 '아름다움'을 얻어오라고 명했다. 인간에게 저승 세계에 가라는 것은 죽으라는 말과 같았다. 자포자기에 빠진 프시케는 높은 곳에서 뛰어내려 죽음으로써 저승에 가리라 마음먹고 탑 꼭대기로 올라갔다. 프시케가 투신하려는 순간에 탑에서 목소리가 들려왔다. 목소리는 프시케에게 죽지 않고 저승 세계에 가는 법을 알려주었다.

프시케는 무사히 저승에 도착해 페르세포네를 만났다. 프시케의 이야기를 전해들은 페르세포네는 상자에다 무언가를 담아주었다. 페르세포네는 상자를 주면서 절대로 열어봐서는 안 된다고 당부했다.

상자를 들고 돌아가는 프시케는 그 속에 든 아름다움의 실체가 궁금해서 미칠 지경이었다. 무슨 일이 있어도 열지 않겠다는 다짐도 했건만 차오르는 호기심을 떨쳐내기 힘들었다. 상자 안에 든 게 아름다움이라는 사실도 프시케를 유혹했다. 여신들만의 아름다움을 자기도 누리고 싶다는 생각이 들었다. 결국 프시케는 호기심과 유혹을 뿌리치지 못하고 상자를 열어 보고야 말았다. 그런데 상자 안에 든 것은 아름다움이 아니었다. 죽음과도 같은 잠이었다. 상자를 엶과 동시에 프시케는 깨어날 수 없는 잠에 빠져들었다.

이때 에로스가 프시케가 쓰러진 곳으로 날아왔다. 프시케가 어머니의 구박과 과도한 요구를 묵묵히 받아내고 수행하는 것을 보며 에로스는 노여움을 풀었다. 에로스는 프시케를 둘러싼 잠을 다시 상자에다 담았다. 그는 프시케가 잠에서 깬 것을 확인하고는 제우스 신을 찾아갔다. 프시케를 아내로 맞이할 수 있게 해달라고 제우스 신에게 간청했다. 프시케도 아프로디테 여신에게로 서둘러 달려가서 상자를 전달했다.

에로스의 간절함을 안 제우스는 거듭해서 아프로디테를 설득했다. 아프로디테는 마지못해 프시케를 받아들였다. 제우스 신이 주관하고 신들이 한자리에 모인 가운데 에로스와 프시케의 결혼식이 성대하게 치러졌다. 피로연에서 프시케는 신들의 음식인 암브로시아와 넥타르를 먹고 불사의 몸이 되었다. 부부가 된 프시케와 에로스는 사랑의 결실로 아들과 딸을 낳았으니 아들은 '젊음'이요, 딸은 '기쁨'이다.

프시케는 호기심과 궁금증을 참아야 할 때 참지 못했다는 점에서는 어리석었다. 이때문에 그녀는 겪지 않아도 될 시련을 겪어야 했다. 그럼에도 그녀는 길고도 힘겨운 시련 끝에 사랑을 이루고 영원한 생명을 얻었다. 그녀가 사랑을 얻기 위해 수행한 일들은 헤라클레스가 치른 열두 가지 고역에 버금갈 만큼 어려운 것이었다. 덕분에 그녀는 자신의 어리석음 때문에 잃을 뻔했던 사랑을 되찾았다. 그리스로마 신화에는 수많은 사랑이야기가 나온다. 그중에서도 프시케와 에로스의 사랑은 보기 드문 해피엔딩이다. 그래서일까? 둘의 사랑을 표현한 미술작품들도 많다. 그 작품들은 하나 같이 아름답다.

아라크네,
표현의 자유를 실천한 대가

아라크네는 소아시아의 리디아에서 태어났다. 양모를 염색하는 부모 밑에서 자란 그녀는 일찍이 베 짜는 기술을 익혔다. 그녀의 베 짜는 솜씨는 타의 추종을 불허했다. 명성은 사방으로 퍼져나갔다. 산과 강의 요정들도 그녀를 찾아가 작품을 구경했다.

아라크네는 점점 교만해져갔다. 지혜와 전쟁, 직물과 기술을 관장하는 아테나 여신에 맞설 만한 베 짜는 기술을 가졌다고 생각했다. 급기야 그녀는 친구들 앞에서 아테나 여신과 베 짜는 솜씨를 겨뤄보겠다고 떠벌였다.

아라크네의 기고만장함을 전해들은 아테나 여신은 그녀의 버르장머리를 고쳐놓아야겠다고 생각했다. 얼마 뒤 노파로 변신한 아테나 여신이 아라크네를 찾아갔다. 노파는 아라크네에게 인간들 사이에서는 명성을 추구해도 좋지만, 여신에게는 겸손해야 한다고 부드럽게 타일렀다. 아라크네는 노파의 말에 코웃음을 쳤다. 그러고는 여신이 정말 자기보다 뛰어나다면 왜 자기의 도전에 응하지 않겠느냐고 따졌다.

아라크네의 말은 아테나 여신의 화를 북돋았다. 여신은 노파의 모습을 벗고 원래 모습을 드러냈다. 눈앞에서 여신을 보고도 아라크네는 반성은커녕 미안해하는 기색조차 보이지 않았다. 오히려 더욱 당당하게 여신에게 베 짜는 솜씨를 겨루자며 도전장을 내밀었다.

마침내 아라크네와 아테나 여신의 베 짜기 대결이 시작됐다. 고대 로마의 시인 오비디우스의 표현대로 "어리석게도 아라크네는 신을 이기기를 바라며 거친 운명 속으로 뛰어든" 것이다. 대결에서 선보인 아라크네의 작품은 방자함의 극치였다. 그녀는 자기 작품에다 신들의 떳떳하지 못한 애정 행각을 묘사했다. 너무나 노골적이고 생생한 묘사였다.

멋진 황소로 둔갑하여 에우로페를 바다 건너로 유괴한 제우스, 암피트리온이 집을 비운 사이 그의 모습으로 변신해 아내인 알크메네를 범하는 제우스, 아름다운 백조의 모습으로 스파르타 왕비 레다에게 접근하여 유혹하는 제우스, 황금비로 변신해 청동으로 만들어진 방에 갇혀 있던 다나에와 정을 통하는 제우스, 목자의 모습을 하고 기억의 여신 므네모시네에게 접근한 제우스, 암말로 변신한 여동생 데메테르를 겁탈하려고 수말로 둔갑하여 접근하는 포세이돈, 노파의 모습으로 변신하고 다이달리온의 딸 키오네에게 접근하는 아폴론, 포도송이로 변신하여 농부의 아름다운 딸 에리고네를 유혹하는 디오니소스 등의 모습이 아라크네의 작품 속에 담겼다.

과연 아라크네의 솜씨는 완벽했다. 완성된 아라크네의 작품을 본 구경꾼들은 감탄을 금치 못했다. 경합을 벌인 아테나 여신도 인정할 수밖에 없는 수준이었다. 하지만 여신은 한낱 인간이 자신을 뛰어넘는 실력을 지녔다고 인정하고 싶지 않았다. 아테나 여신은 작품 내용이 불경하기 짝이 없다며 아라크네가 짠 베를 갈기갈기 찢어버렸다.

아라크네를 쫓는 아테나, 르네 앙투안 우아스

여신의 분노는 베를 찢는 데서 그치지 않았다. 베틀의 북으로 아라크네의 머리를 때리며 모욕감을 줬다. 그러고는 마법과 주술의 여신 헤카테가 만든 액즙을 아라크네에게 끼얹었다. 그것은 독약과도 같은 것이었다. 액즙 세례를 받은 아라크네의 모습이 점점 변하기 시작했다. 얼굴이 문드러지고 대머리가 되었다. 온몸이 뒤틀리는가 싶더니 몸통에서 여러 개의 다리가 돋아났다. 아테나 여신은 거미가 된 아라크네를 향해 외쳤다. "네가 좋아하는 일을 영원히 하게 해주마." 그리하여 아라크네는 영원히 가늘고 질긴 거미줄에 매달려 살게 됐다.

　아라크네가 오만하게 신에게 도전하고, 겁 없이 신들의 난봉행각을 폭로하는 불경을 저지르긴 했다. 그렇지만 인간의 입장에서 본다면 아라크네의 행동은 과감한 도전이었다. 표현의 자유를 처음으로 실천한 여인이라고 해도 과언이 아닐 것이다. 그러므로 그녀에게 내려진 벌은 너무 가혹한 것 같다.

판도라,
세상에 불행을 퍼뜨린 인류 최초의 여성

티탄 신족과 올림포스 신들 사이에 전쟁이 일어났을 때 프로메테우스와 에피메테우스는 티탄 신족임에도 불구하고 올림포스 신들의 편에 섰다. 전쟁은 올림포스 신들의 승리로 끝났다. 올림포스 최고 신 제우스는 자신들을 도운 프로메테우스와 에피메테우스를 치하했다. 그리고 지상의 만물을 창조하고 관장하는 일을 맡겼다.

프로메테우스는 남성 신의 모습을 본뜬 인간과 다양한 동식물들을 창조했다. 프로메테우스는 자신의 창조물 가운데 인간을 특히 사랑했다. 그래서 인간이 보다 나은 삶을 살 수 있도록 신들의 전유물인 불을 몰래 훔쳐다 주었다. 인간은 불을 사용해 맹수로부터 몸을 지키고, 도구를 만들어 쓰면서 문명을 발달시킬 수 있게 됐다.

프로메테우스가 불을 훔친 것을 안 제우스는 크게 노했다. 제우스는 견고한 쇠사슬로 프로메테우스를 결박하여 카우카소스 산의 바위에다 매달았다. 제우스가 보낸 독수리가 결박당한 프로메테우스의 심장을 쪼아 먹었다. 다 쪼아 먹힌 그의 심장은 새로 생겨났다. 새로 생겨난 심장을 독수리가 다시 쪼아 먹는 일이 매일 반복됐다.

　프로메테우스를 벌하는 것만으로는 제우스의 화가 풀리지 않았다. 제우스는 프로메테우스에게 불을 건네받은 인간에게도 고통을 주기로 했다.

　제우스는 대장간의 신 헤파이토스에게 흙과 물을 반죽해 인간을 만들게 했다. 제우스가 특별히 주문한 것은 남신의 모습을 본뜬 프로메테우스의 인간이 아니었다. 아름다운 여신의 모습을 본뜬 인간이었다. 그렇게 탄생한 최초의 여인에게 '판도라'라는 이름이 붙여졌다.

　올림포스의 신들은 판도라에게 다양한 것들을 선물했다. 아프로디테는 거부할 수 없는 아름다움과 매력을, 헤르메스는 말재주와 호기심과 교활함을, 아테나는 빛나는 옷과 재주를, 계절의 여신들은 화사한 봄꽃으로 만든 화환을 그녀에게 주었다. 제우스는 상자 하나를 판도라에게 맡겼다. 상자 안에는 인간에게 고통을 주고자 하는 제우스의 계략이 담겨 있었다. 그것은 인간이 모르고 지내던 악, 근심, 탐욕, 불운, 질병과 같은 온갖 재앙이었다. 희망이라는 다소 이질적인 선물도 들어 있었다.

　제우스는 '아름다운 재앙'으로 완성된 판도라를 에피메테우스에게 보냈다. 에피메테우스는 형인 프로메테우스가 제우스가 내린 벌을 받는 동안 홀로 인간 세상을 관리하고 있었다. 앞날을 내다볼 수 있는 프로메테우스는 카우카소스 산으로 끌려가기 전에 에피메테우스에게 경고했다. 제우스가 주는 것은 아무것도 받지 말라고. 그러나 에페미테우스는 아름다운 판도라를 거부하지 못했다.

　에피메테우스와 결혼하여 평안한 나날을 보내던 판도라는 어느 날 제우스가 자신에게 상자를 맡겼던 것을 떠올렸다. 호기심이 발동한 판도라가

상자를 연 판도라, 토마스 벤자민 케닝턴

상자를 열자 상자 속에 봉인돼 있던 것들이 우르르 쏟아져 나왔다. 판도라가 놀라서 상자를 닫았지만, 이미 늦었다. 상자 속 재앙들은 어느새 죄다 빠져나갔다. 단 하나, 희망만이 상자 안에 남았다. 이때부터 인간 세상에 비극을 초래하는 갖가지 악덕이 퍼지게 됐다.

판도라와 에피메테우스 사이에 딸이 태어났다. 이름은 피라. 피라는 프로메테우스의 아들 데우칼리온과 결혼했다. 판도라가 상자를 연 뒤로 인간들은 악행을 일삼았다. 탐욕을 채우기 위해 서로를 죽이고, 성적으로 문란해지고, 신에게 불경을 저질렀다. 단 한 쌍의 부부, 피라와 데우칼리온만이 변함없이 경건한 삶을 이어갔다.

인류의 타락을 보다 못한 제우스는 대홍수를 일으켜 인류를 몰살시키기로 마음먹었다. 제우스의 계획을 간파한 프로메테우스는 아들 부부에게 앞으로 닥칠 일을 알려주고 거대한 방주를 만들어 대비하게 했다. 대홍수가 일어났을 때 피라와 데우칼리온은 방주를 타고 물 위를 떠돌다가 파르나소스 산 꼭대기에 이르렀다. 세상에 살아남은 인간은 두 사람뿐이었다.

홍수가 끝난 후 두 사람은 제일 먼저 제우스에게 제사를 지냈다. 이어 테미스 여신에게 둘만 남은 세상에서 느끼는 깊은 고독을 호소했다. 여신은 "어머니(대지)의 뼈(돌)를 등 뒤로 던지라"는 조언을 해주었다. 두 사람은 여신의 말에 따라 등 뒤로 돌을 던졌다. 그러자 피라가 던진 돌은 여자가, 데우칼리온이 던진 돌은 남자가 되었다. 두 사람 사이에서 여러 명의 자녀들도 태어났다. 그 자녀들과 돌에서 태어난 인간들은 세상 곳곳으로 흩어져 살면서 신인류를 이루었다. 이리하여 피라와 데우칼리온은 현생 인류의 조상이 되었다.

성경에도 이와 흡사한 설화가 있다. 타락한 인류를 멸하려 하느님이 대홍수를 일으키고, 경건한 인간인 노아의 가족만이 방주에 탄 채 살아남아서 새로운 인류의 조상이 된다는 이야기다. 신이 다시는 그러한 끔찍한 재앙을 일으키지 않겠다고 다짐한 것도 비슷하다.

홍수를 거치며 인류는 사실상 다시 태어난 셈이다. 그렇지만 판도라의 상자에 담겨 있던 온갖 악덕은 근절되지 않고 살아남았다.

이오,
암소가 되어 홀로 세계를 떠돌다

강의 신 이나코스는 이복누이 멜리아와 결혼해서 네 명의 자녀를 두었다. 막내 딸 이오는 헤라 여신을 모시는 사제였는데 매우 예뻤다.

바람둥이 신 제우스는 이오를 그냥 지나치지 않았다. 호시탐탐 기회를 엿보던 제우스는 어느 날 홀로 강가를 거니는 이오를 기어이 희롱하고야 말았다. 한창 애정놀음에 열중하던 제우스가 갑자기 행동을 멈추었다. 부인 헤라의 얼굴이 떠올랐던 것이다. 그즈음 헤라는 남편의 바람기 때문에 잔뜩 예민해져서 촉각을 곤두세우고 있었다. 불안해진 제우스는 자신의 애정행각이 보이지 않게끔 먹구름을 일으켜 세상을 뒤덮었다.

하지만 헤라가 누구인가. 헤라는 맑은 하늘에 갑자기 먹구름이 드리우는 것을 보고 수상한 낌새를 알아챘다. 여신은 곧바로 먹구름을 흩트려놓았다. 아니나 다를까. 흩어지는 먹구름 사이로 남편 제우스가 이오와 노니는 모습이 보였다.

제우스는 가림막으로 쳐둔 먹구름이 갑자기 흩어지자 정신이 번쩍 들었다. 그는 급하게 이오를 암소로 둔갑시켰다. 잠시 뒤 제우스와 암소가 있는 곳에 헤라가 나타났다. 묘한 긴장감이 흐르는 가운데 헤라와 제우스 사이에 빤한 거짓말이 오갔다. 그러더니 헤라가 제우스에게 그 예쁜 암소를 자기에게 달라고 요구했다. 제우스는 난감했지만 거절할 수 없었다. 암소를 주지 않는 것은 헤라의 의심을 인정하는 것과 다름없었다. 제우스는 그 뒷감당을 할 자신이 없었다. 제 꾀에 빠진 제우스는 암소로 둔갑시킨 이오를 제 손으로 헤라에게 넘기고 말았다.

헤라는 눈이 백 개 달린 괴수 아르고스에게 암소 이오를 감시하게 했다. 아르고스의 눈은 머리의 앞, 뒤, 옆에 골고루 달려 있어서 사방을 다 볼 수 있었다. 뿐만 아니라 백 개 중 두 개씩 돌아가면서 휴식을 취하기 때문에 24시간 내내 이오를 감시할 수 있었다.

아르고스의 철통 같은 감시 속에서 이오는 풀과 나뭇잎을 뜯어먹고 강물로 목을 축이며 살았다. 밤이 오면 목에 고삐가 채워진 채 외양간에 갇히는 신세가 됐다. 아무도 그녀를 알아보지 못했다.

심지어 아버지조차 그녀를 몰라봤다. 강가에서 물을 마시던 이오가 강의 신인 아버지를 발견하고는 다가가 말을 걸었지만, 아버지는 그저 이오의 등을 쓰다듬을 뿐이었다. 강의 신 이나코스에게는 자신에게 말을 거는 이오의 모습이 "음메, 음메" 우는 예쁜 암소로 보일 따름이었다. 이오는 서글펐다. 그러나 포기하지 않고 아버지에게 자신을 알리려 애썼다. 강변의 모래 위에다 발굽으로 글을 쓰기 시작했다. 그러자 비로소 아버지가 이오를 알아보았다.

강의 신 이나코스는 딸이 암소가 될 수밖에 없었던 사연을 알고는 무척 가슴 아파했다. 하지만 그뿐이었다. 그는 딸을 구할 수 없었다. 그 자신도

딸을 알아본 이나코스, 빅토르 오노레 얀센스

신이기는 하지만, 헤라 여신이 하는 일을 막지는 못하기 때문이었다. 불사의 몸으로 영원히 딸의 비극을 지켜볼 수밖에 없다는 절망감에 이나코스가 오열하고 있었다. 그때 감시자 아르고스가 나타났다. 아르고스는 부녀를 냉정하게 갈라놓았다.

이 애절한 부녀 상봉의 장면을 제우스가 지켜보고 있었다. 제우스 역시 그동안 이오의 비참한 처지를 보면서 안쓰러움을 느끼던 터였다. 제우스는 이오를 저대로 두어서는 안 되겠다고 생각했다. 그는 곧장 헤르메스를 불러들여 이오를 구출하라고 지시했다.

헤르메스는 이오와 아르고스가 있는 곳으로 갔다. 그는 아름다운 피리 선율로 아르고스의 호감을 산 뒤 가까이 다가갔다. 그런 다음 자신이 부는 피리에 얽힌 이야기를 들려주었다. 나지막하고 부드러운 목소리에 취해 아르고스의 눈이 하나둘씩 감기기 시작했다. 얼마나 지났을까. 백 개나 되는 눈이 모두 감기면서 아르고스는 깊은 잠에 빠졌다. 헤르메스는 곧바로 칼을 뽑아 아르고스의 목을 내리쳤다.

헤라는 아르고스의 죽음을 매우 슬퍼했다. 그녀는 죽은 아르고스의 눈을 모두 떼어다 자신이 기르는 공작새의 꼬리에 옮겨 붙였다. 그러고는 달아난 이오에게 쇠파리 떼를 보냈다. 쇠파리 떼는 암소 이오의 몸에 달라붙어 피를 빨며 괴롭혔다. 이오는 쇠파리 떼를 피해 이곳저곳을 떠돌기 시작했다.

흑해를 건너 트라키아와 스키티아 등지를 유랑하던 이오는 카우카소스 산에 이르렀다. 그곳에는 인간에게 불을 몰래 가져다준 죄로 쇠사슬에 묶여 있는 프로메테우스가 있었다. 프로메테우스는 독수리에게 간을 파 먹히는 끔찍한 벌을 받고 있었다.

티탄족인 프로메테우스는 그 이름에 담긴 의미대로 '앞서 생각하고 앞날을 내다볼 줄 아는 자'였다. 이오는 프로메테우스에게 그동안 겪은 일을 들려주고, 자신의 미래가 어찌 될지를 물어보았다. 프로메테우스는 이오가 앞으로도 꽤 오랫동안 세상을 방랑할 것이라고 말했다. 그 말은 이오를 우울하게 했다. 이오는 짐승의 모습으로 피를 빨리며 이곳저곳을 떠도느니 차라리 죽고 싶다며 울부짖었다. 그러자 프로메테우스는 이오를 위로했다. 그녀가 방랑 끝에 이집트에 당도하여 본래 모습을 되찾고 모든 시련을 끝내게 될 것이라고 말해주었다. 또한 훗날 이오의 후손 중 하나가 자신을 이 끔찍한 천형으로부터 구원해줄 것이라는 얘기도 해주었다.

용기를 얻은 암소 이오는 카우카소스 산을 떠나 다시 유랑을 시작했다. 그동안 이오의 고된 떠돌이 생활을 지켜보고만 있던 제우스는 양심의 가책을 느꼈다. 이오의 시련이 자신의 욕망에서 시작된 것이니 자신이 끝을 내주어야 한다고 생각했다. 더 이상 회피하지 않겠다고 결심한 제우스는 아내 헤라를 찾아갔다. 그리고 이오를 마음에서 완전히 지워버릴 테니 그녀를 용서해달라고 부탁했다. 남편이 간절히 요청하자 헤라는 짐짓 못이기는 척 받아들였다.

제우스와 헤라가 합의에 이를 무렵 암소 이오는 지중해를 거쳐 이집트로 들어갔다. 이오가 나일강가에 이르렀을 때 제우스가 나타났다. 제우스가 부드럽게 어루만지자 이오는 암소의 외양을 벗고 원래의 모습으로 되돌아갔다. 얼마 후 이오는 아들 에파포스를 낳았다.

이오는 이집트 왕 텔레고노스와 결혼했다. 세월이 흘러 에파포스는 의붓아버지의 뒤를 이어 이집트의 왕이 되었다. 그는 나일강의 신 네일로스의 딸 멤피스와 결혼하여 딸 둘을 낳았다. 두 딸 중 리비에는 바다의 신 포세이돈과의 사이에서 쌍둥이 아들 벨로스와 아게노르를 낳았다. 이 두 아들은 각각 이집트와 페니키아의 왕이 되었다.

쌍둥이 중 벨로스는 결혼하여 세 아들 아이깁토스, 다나오스, 케페우스를 낳았다. 아이깁토스의 아들 린케우스와 다나오스의 딸 히페름네스트라 사이에서 아바스가 태어났다. 아바스의 손녀가 바로 황금비로 변신한 제우스와 사랑을 나눈 다나에다. 다나에는 제우스와 사랑을 나눈 뒤 페르세우스를 낳았다. 페르세우스는 메두사를 퇴치하여 유명해졌다. 이후 페르세우스는 안드로메다와 결혼해 여러 명의 자녀를 두었다. 그들 가운데 알카이오스에게는 아들 암피트리온이 있었다. 암피트리온은 엘렉트리온의 딸 알크메네와 결혼하여 헤라클레스와 이피클레스를 낳았다.

헤라클레스는 그리스 신화 최고의 영웅이다. 그는 자신에게 주어진 열두 가지 과업을 수행하던 중에 카우카소스 산에 묶여 있던 프로메테우스를 구해냈다. 유랑하던 암소 이오에게 들려준 프로메테우스의 예언이 그대로 실현된 것이다.

트로이 전쟁이 끝난 후 고국으로 돌아가던 오디세우스, 멸망한 트로이의 유민들을 이끌고 새로운 터전을 찾아 나선 아이네이아스, 그리고 황금양털을 획득하고 돌아가던 이아손 역시 장기간 유랑했다. 이들의 유랑은 대부분 지중해와 그 연안에서 이루어졌다. 이에 비해 이오의 유랑은 지중해 연안에서 흑해를 건너고 카스피해를 거쳐 아라비아와 아프리카에 이르는 머나먼 길이었다. 그 멀고 먼 길을 이오는 여인의 몸으로 옮겨다녔다. 무거운 암소의 육체를 하고서 걸어야 했다. 이오는 그 누구보다도 외롭고 힘들게 유랑했다. 동행이라곤 자신의 등에 올라 피를 빨던 쇠파리 떼뿐이었다.

그렇지만 이오는 모든 어려움을 이겨내고 마침내 제 모습을 찾았다. 뿐만 아니라 이오는 여러 영웅을 배출하며 그리스, 아프리카, 아라비아에 세워진 수많은 왕조들의 조상이 되었다. 그 모든 것은 그녀가 모진 고난을 견뎌낸 데 대한 보상이 아니었을까.

에우로페,
유럽 대륙의 이름을 남기다

이집트 왕 에파포스의 딸 리비에는 바다의 신 포세이돈과 사랑을 나누어 쌍둥이 아들을 낳았다. 쌍둥이 아들 중 벨로스는 외할아버지의 뒤를 이어 이집트 왕이 되었고, 아게노르는 페니키아의 왕이 되었다.

페니키아 왕 아게노르의 외동딸 에우로페는 왕국에서 가장 어여쁘고 사랑스러웠다. 왕은 그런 딸을 무척 사랑했다.

에우로페가 시녀들과 함께 바닷가에서 소 떼를 돌보며 놀던 어느 날이었다. 때마침 페니키아 지방을 지나던 제우스 신이 에우로페를 보고 한눈에 반했다. 이 변신의 왕은 황소로 둔갑해서 에우로페가 돌보는 소 떼 사이에 은근슬쩍 끼어들었다.

제우스가 변신한 황소는 아름다웠다. 눈처럼 하얀 털과 단단하고 보기 좋게 굽은 뿔을 지녔다. 입에서는 장미향기가 났다. 에우로페는 소 떼 사이에서 유난히 눈에 띄는 그 황소에게 가까이 다가가 맛있는 풀과 꽃송이를 내밀었다. 그러자 황소는 에우로페의 내민 손에 입을 맞추고는 기분 좋은 울음소리를 냈다. 이어 마치 화환을 감아달라는 듯 자신의 뿔을 내밀었다.

에우로페는 황소의 부드러운 털을 한참 동안 쓰다듬다가 마침내 황소의 등에 올라탔다. 황소는 에우로페를 등에 태우고 잠시 주위를 어슬렁거리는가 싶더니 갑자기 바다로 뛰어들었다. 놀란 에우로페가 소리를 쳤다. 그러나 황소는 빠른 속도로 헤엄쳐 해변에서 멀리 벗어났다. 함께 있던 시녀들은 속수무책으로 보고 있을 수밖에 없었다. 에우로페는 한참을 울부짖다가 까무러치고 말았다.

에우로페는 잎이 무성한 어느 나무 아래에서 깨어났다. 그곳은 크레타 섬이었다. 에우로페가 깨어났을 때 황소는 온데간데없이 사라지고 웬 훤칠한 남자가 그녀를 바라보고 있었다. 제우스 신이 황소의 모습에서 원래의 모습으로 되돌아간 것이었다.

에우로페와 제우스 신은 나무 아래에서 사랑을 나누었다. 에우로페는 아들 셋을 낳았다. 미노스, 사르페돈, 라다만티스가 그들이다. 얼마 뒤 제우스 신은 신들의 세계로 돌아갔다. 남겨진 에우로페는 크레타의 왕 아스테리오스와 결혼했다.

아스테리오스가 죽은 뒤 에우로페의 아들들 사이에서 왕위 쟁탈전이 벌어졌다. 세 아들 가운데 미노스가 크레타 왕위를 차지했다.

미노스 왕은 해군력을 키워 지중해의 패권을 장악한 뒤 그리스 본토까지 공략해 속국으로 만들었다. 그는 강력한 왕권을 바탕으로 오늘날 미노아 문명 또는 에게 문명이라 불리는 찬란한 고대 문명을 꽃피웠다.

왕위 다툼에서 미노스에게 패한 다른 두 형제는 크레타를 떠났다. 라다만티스는 매우 지혜롭고 공정한 사람으로, 크레타 백성들을 위해 법을 제정했다. 형제들의 아버지인 아스테리오스는 그런 라다만티스를 가장 아껴서

황소로 변신해 에우로페를 납치하는 제우스, 장 프랑수아 드 트로이

그를 자신의 후계자로 지목했다. 하지만 아스테리오스가 죽은 뒤 그는 미노스에게 왕위를 빼앗기고 그리스 본토의 보이오티아 지방으로 갔다. 또 다른 형제인 사르페돈은 소아시아의 서남부 지방으로 건너가 리키아 왕국을 건설했다.

한편, 에우로페의 아버지 아게노르는 어느 날 갑자기 사라진 딸을 백방으로 찾아 나섰다. 아게노르는 아들들을 시켜 에우로페를 찾아오라며 내보냈다. 에우로페를 찾기 전에는 돌아오지 말라고 엄명을 내렸다. 아들들은 각각 다른 곳으로 흩어져서 누이의 행방을 수소문했다. 카드모스는 그리스 본토로, 포이닉스는 아프리카 대륙으로, 칼릭스는 소아시아 지방으로 갔다. 그들은 끝내 누이를 찾지 못한 채 각자가 새로운 땅에서 새로운 왕국을 세웠다. 아게노르 역시 딸을 찾기 위해 자신의 왕국을 떠나 곳곳을 떠돌았다. 그 역시 끝내 딸을 찾지 못하고 객지에서 생을 마감했다.

크레타 섬에서 싹튼 미노아 문명은 이후 서유럽 문명의 원류가 됐다. 말하자면 서구 문명은 오리엔탈 문명의 나라인 페니키아 왕국 공주 에우로페가 바다 건너 서쪽으로 납치됐기에 태동한 셈이다. 그래서일까? '유럽'이라는 명칭도 '에우로페(Europe)'를 영어로 발음한 것이다.

스킬라,
아버지의 머리카락을 적에게 바친 딸

크레타 왕 미노스는 주변 섬나라들을 정복한 뒤 그리스 본토로 진출하려고 호시탐탐 기회를 엿보고 있었다. 그러던 중 그가 기르던 황소가 아테네 왕국의 평원에서 미쳐 날뛰는 일이 발생했다. 아테네 왕이 황소를 제압해달라고 요청하자 미노스 왕은 아들을 보냈다. 그 아들은 황소를 잡다가 뿔에 받혀 죽었다. 미노스는 아들의 죽음을 빌미 삼아 아테네 정벌에 나섰다.

미노스는 아테네로 가는 길에 메가라 왕국을 먼저 침공했다. 그런데 금방 무너질 것 같았던 메가라는 좀처럼 함락되지 않았다. 막강한 크레타군이 수개월간 쉬지 않고 공격을 퍼부었지만 끄떡도 하지 않았다. 메가라가 굳건히 버틸 수 있었건 것은 니소스 왕 덕분이었다. 정확하게 말하면, 니소스 왕의 백발 속에 섞여 있는 단 한 가닥의 자줏빛 머리카락 덕이었다. 니소스의 머리에 그 머리카락이 붙어있는 한 메가라는 그 누가 쳐들어와도 결코 무너지지 않는다는 신탁이 있었다. 그렇지만 그 머리카락이 빠지는 날에는 니소스도 메가라도 운명을 다할 것이라고 신탁은 예고했다.

자줏빛 머리카락의 비밀을 품고 있는 니소스에게는 스킬라라는 딸이 있었다. 스킬라는 왕국의 성탑에 오르는 것을 좋아했다. 성탑은 '노래하는 성벽' 위에 있었다. 아폴론 신이 황금 리라를 걸어둔 적이 있어서 붙여진 이름이었다. 스킬라는 성탑에 올라갈 때면 늘 조약돌로 성벽을 두드렸다. 그러면 성벽에서 아름다운 음악이 흘러나왔다.

전쟁이 한창일 때도 스킬라는 성벽에서 흐르는 음악을 들으며 성탑에 오르는 것을 그만두지 않았다. 탑 위에서는 성 밖이 훤히 내려다보였다. 성 밖에는 수개월 전부터 크레타군이 진을 치고 있었다. 크레타가 침공해온 뒤로 스킬라는 성탑에서 적군의 진지를 관찰하며 시간을 보내는 게 새로운 일상이 되었다. 낯선 장정들이 모여 만들어내는 긴장감 있는 풍경이 스킬라에게 묘한 호기심을 불러일으켰다.

운명의 그날도 스킬라는 성벽을 두드리며 성탑에 올라갔다. 성 밖의 크레타군 진영에서는 훈련이 한창이었다. 일사분란하게 움직이는 수많은 장병들 속에서 유독 눈에 띄는 한 사내가 있었다. 빛나는 갑옷과 투구를 걸치고 백마에 올라타서 훈련을 지휘하는 그 사내는 바로 크레타 왕 미노스였다. 스킬라는 그에게서 눈을 뗄 수가 없었다. 카리스마 넘치는 그의 모습에 한눈에 반해버린 것이다.

그날 이후 스킬라의 머릿속은 미노스에 대한 생각으로 꽉 찼다. 그에게 자기 마음을 알리고 어떻게 해서든 그의 사랑을 얻고 싶었다. 하지만 그는 적국의 왕이었다. 스킬라는 괴로웠다. 애국과 사랑 사이에서 그녀는 극심한 혼란과 갈등을 겪었다. 그녀는 미노스가 휴전을 하고 자기를 볼모로 데려가기를 꿈꾸었다.

전쟁이 길어짐에 따라 스킬라의 상사병도 깊어졌다. 스킬라는 더 이상

la fille de Nisus approch du lit de son Pere et luy coupe pendant qu'il dormoit le cheueu fatal de couleur de pourpre du quel depende
heur de son Royaum pour le portera Minos son ennemy dont elle estoit eperdument amoureuse mais il la chassa pour l'horreur qu'il eu
actio Met l 8.me

아버지의 머리카락을 자르는 스킬라, 장 르 포트르

버틸 수가 없었다. 그녀는 생각했다. '미노스 왕은 아들의 복수를 하기 위해 전쟁을 일으켰다. 따라서 그가 일으킨 전쟁은 정당하다. 미노스 왕의 군대는 강하다. 지금 비록 아버지의 자줏빛 머리칼 덕에 우리가 버티고는 있지만, 결국엔 우리가 패하고 말 것이다. 승리한 크레타군은 메가라를 쑥대밭으로 만들 것이다. 피비린내 나는 살육과 겁탈과 방화가 일어나겠지. 하지만, 하지만 내가 성문을 열어 미노스 왕을 맞이한다면? 그를 향한 내 마음을 전하며 평화롭게 메가라를 넘긴다면? 나의 마음을 받은 그가 나를 신부로 맞는다면 메가라 왕국은 내 결혼 지참금이 되는 셈이야. 그렇게 되면 메가라는 비참한 종말을 맞지 않을 수 있어. 무엇보다 살육과 약탈로 인한 무고한 백성들의 희생을 막을 수 있다고! 그래, 내 손으로 직접 성문을 열자. 미노스 왕에게 가자. 그게 최선이야. 그것만이 나와 내 나라를 모두 구원하는 길이야.'

사랑의 열병은 스킬라의 이성을 마비시켰다. 모든 것은 그녀 자신의 사랑을 위해 합리화되었다. '그런데 아버지가 허락하실까?' 그녀는 자신의 결혼 지참금으로 미노스 왕에게 메가라를 바치는 것에 아버지가 결코 동의하지 않을 것임을 알고 있었다. 하지만 그녀가 세워둔 명분은 완벽했다. 그녀가 보기에 아버지 한 사람의 반대 때문에 명분을 포기하는 것은 모두에게 불행을 안겨주는 어리석은 일이었다. 그녀는 마음을 굳혔다. 깊은 밤 조용히 아버지의 침실로 향했다. 평화롭게 잠들어 있는 아버지의 머리에서 한 가닥 자줏빛 머리카락을 들어올렸다. 그러고는 과감히 그것을 뽑아냈다.

스킬라는 아버지의 목숨과 맞바꾼 머리카락 한 가닥을 움켜쥐고 적진 한가운데로 나아갔다. 마침내 미노스 왕 앞에 섰을 때 스킬라는 환희에 찬

표정을 지으며 그것을 바쳤다.

수개월간 막강한 크레타군의 계속된 공격을 받고도 굳건히 버티던 메가라는 그렇게 한순간에 무너졌다. 무혈입성으로 메가라를 정복한 미노스는 그곳을 크레타와 동일하게 통치할 것임을 천명했다. 살육도 약탈도 없었다. 모든 게 스킬라의 생각대로 되는 듯했다. 단 한 가지만 빼놓고.

스킬라가 제 아버지의 머리카락을 쥐고 찾아온 바로 그 순간부터 미노스는 스킬라를 혐오했다. 애욕을 이루기 위해 부모를 죽이고 조국을 버리는 행위를 미노스는 용납할 수 없었다. 그 욕망이 미노스 자신을 향한 애끓는 사랑이었다 해도 마찬가지였다. 아버지의 숨통을 끊어낸 스킬라의 손, 자신을 바라보는 달뜬 스킬라의 눈길, 사랑을 고백하는 스킬라의 목소리가 소름끼칠 뿐이었다. 미노스는 스킬라를 비난했다. 그리고 정복국에 대한 뒷수습을 마치자마자 스킬라를 버려둔 채 크레타로 출항했다.

스킬라는 도무지 이해할 수 없었다. 사랑했고, 진심을 다했다. 천륜을 저버리면서까지 그가 원하는 것을 이루게 해주었다. 그에게 원한 것은 단 하나, 자신을 신부로 맞아 크레타에 데려가는 것이었다. 그런데 그는 험악한 표정과 말만 던지고는 홀로 떠나버렸다. 그가 탄 배가 항구에서 점차 멀어지는 걸 보며 스킬라는 문득 억울하단 생각이 들었다. 배신감이 밀려왔다. 스킬라는 배를 향해 고래고래 소리를 질렀다. 그 내용은 원망이었다가 애원이었다가 울음이었다가를 번갈아가며 반복됐다.

아무리 해도 배는 멈추지 않고 멀어져갔다. 그러자 스킬라는 바다로 뛰어들었다. 미노스가 데려가주지 않는다면 스스로 따라가겠다는 생각이었다. 스킬라는 배를 향해 미친 듯이 헤엄쳐갔다. 바다 위에서는 물수리 한 마리가 빙빙 돌고 있었다. 딸에게 머리카락을 뽑혀 죽은 니소스 왕이었다. 애증과 집착의 감정은 스킬라로 하여금 초인적인 힘을 발휘하게 했다. 스킬라는 마침내 미노스가 탄 배를 따라잡았다. 그녀는 필사적으로 뱃머리를 부여잡았다. 그때였다. 하늘을 맴돌던 물수리가 뱃머리를 향해 급강하했다. 물수리는 뱃머리에 매달린 스킬라에게 달려들어 쪼기 시작했다. 놀란 스킬라가 뱃머리를 붙들고 있던 손을 놓았다. 거친 파도가 배에서 떨어지는 스킬라를 삼키려는 순간 스킬라의 몸이 공중으로 튕겨 오르는가 싶더니 한 마리 새로 변했다. 키리스라고 불리는 그 새는 한동안 미노스 왕이 탄 배를 따라 날다가 사라졌다.

동서고금을 막론하고 사랑 때문에 부모와 조국을 배신한 예가 많다. 그리스 신화에 등장하는 사례만 해도 다양하다. 아테네의 영웅 테세우스를 사랑한 아리아드네, 이아손을 사랑한 메데이아, 암피트리온을 사랑한 코마이토 등이 있다. 이들 가운데 아리아드네는 묘하게도 스킬라의 사랑을 받은 미노스 왕의 딸이다.

이들의 사랑은 보답 받지 못했다. 상대는 배신행위를 통해 얻은 이득은 기꺼이 받았지만 배신자는 곱게 보지 않았다. 한 번 배신한 사람은 또다시 배신할 수 있다는 생각 때문이었을까. 배신자를 받아들이면 배신의 풍조가 퍼져 나라를 위험에 빠뜨릴 수 있다고 생각했을지도 모르겠다. 배신자의 운명은 비참했다. 스킬라와 코마이토는 차갑게 외면당한 채 죽음을 맞았다. 아리아드네와 메데이아는 사랑을 쟁취하는 듯했지만 한때뿐이었다. 결국은 버림 받았다. 어리석고 어긋난 사랑이 대가는 쓰라렸다.

파이드라,
의붓아들을 향한 비틀린 욕망

크레타 왕 미노스에게는 아들 하나와 딸 둘이 있었다. 아들의 이름은 데우칼리온, 딸들의 이름은 아리아드네와 파이드라였다. 두 딸은 모두 아테네 왕 테세우스와 인연을 맺었다.

아리아드네는 크레타에 볼모로 온 젊은 아테네 왕자 테세우스에게 첫눈에 반했다. 그래서 아버지를 배신했다. 테세우스가 미궁에서 반인반수의 괴물 미노타우로스를 죽이고 미로를 탈출할 수 있게 도와주었다. 그러나 테세우스는 조국을 등지고 자신을 따라 나선 아리아드네를 배신했다. 아테네로 가던 도중 잠시 들른 낙소스 섬에다 잠든 아리아드네를 버려 놓고 가 버렸다.

무사히 귀국한 테세우스는 아버지의 뒤를 이어 아테네의 왕이 되었다. 불세출의 영웅 테세우스는 아테네를 강성한 국가로 만들었다. 세월이 흘러 크레타에서도 미노스 왕이 죽고 그 아들 데우칼리온이 새 왕이 되었다. 데우칼리온은 강력해진 아테네와 혼인동맹을 맺기 위해 여동생 파이드라를 늙은 테세우스에게 시집보냈다.

파이드라가 시집왔을 때 테세우스에게는 히폴리토스라는 아들이 하나 있었다. 테세우스는 아테네 왕이 된 직후에 여전사들의 부족인 아마조네스 정벌에 나섰다가 여왕 히폴리테를 납치해왔다. 둘 사이에 자식이 생겼는데 그가 바로 히폴리토스다. 히폴리토스가 태어나고 얼마 뒤 아마조네스가 여왕을 되찾으려 아테네를 침공했고, 그 와중에 히폴리테는 목숨을 잃었다.

일찍 어머니를 여의긴 했지만 히폴리토스는 준수한 청년으로 잘 자랐다. 어머니의 영향을 받아 아르테미스 여신을 섬긴 히폴리토스는 순결을 중요하게 여기고 음악을 좋아하는 채식주의자였다.

파이드라는 아름답고 경건한 청년 히폴리토스에게 연정을 느꼈다. 그녀는 자신의 감정이 옳지 않다는 것을 알았다. 그래서 자신의 감정을 억누르며 드러내지 않으려고 애썼다. 하지만 히폴리토스에 대한 그녀의 욕망은 커져만 갔다. 급기야 파이드라는 상사병에 걸리고 말았다.

날로 수척해지는 파이드라를 보며 그녀의 유모는 안쓰러운 마음이 들었다. 보다 못한 유모가 파이드라에게 삶에 너무 엄격한 규율을 적용할 필요는 없다고 말해주었다. 그러면서 히폴리토스에게 자신의 마음을 전해보라고 권했다. 파이드라는 망설임 끝에 유모의 말대로 해보기로 했다. 그녀는 자신의 마음을 글로 써서 유모를 통해 히폴리토스에게 전했다.

히폴리토스는 파이드라의 마음을 강하게 거부했다. 계모도 어머니이니 그 사랑을 받아들인다는 것은 패륜이었다. 패륜은 경건한 성품의 히폴리토스가 결코 받아들일 수 없는 행위였다. 그는 새어머니의 연서를 자신에게 전달한 유모를 크게 나무라면서 불쾌감을 드러냈다. 어렵사리 전한 마음이 무참하게 거부당한 것만으로도 파이드라는 크나큰 상처를 입었다. 하지만 문제는 거기서 끝나지 않았다. 파이드라와 히폴리토스 사이에 흐르는 미묘한 기운을 하녀가 눈치 챈 것이다. 소문이 입과 입을 타고 집안에 퍼져갔다. 남편 테세우스의 귀에까지 전해지는 일은 시간 문제였다.

파이드라는 견딜 수 없었다. 사랑의 감정으로 채워졌던 그녀의 영혼은 이제 수치심과 모멸감에 사로잡혔다. 그 누구도 그녀를 불안과 고통이 지배하는 마음의 지옥에서 구해줄 수 없었다. 자기 발로 들어간 그 지옥에서 스스로 빠져나와야만 했다. 그녀는 탈출의 수단으로 죽음을 택했다.

목숨을 끊기 전 파이드라는 한 통의 유서를 남겼다. 그것은 자신의 사랑을 거절하고 모욕한 젊은 아들을 향한 복수의 칼날이었다. 유서에는 히폴리토스가 자신을 겁탈하려 했으며, 그 충격과 수치심을 극복할 수 없어서 자결한다는 내용이 담겨 있었다. 사실과 전혀 다른 터무니없는 모함이었다.

하지만 유서가 전해졌을 때 테세우스는 거기 적힌 내용을 곧이곧대로 믿어버렸다. 테세우스는 진위를 파악해보려고도 하지 않고 아들을 추방했다. 그는 추방당하는 아들의 등 뒤에 대고 온갖 저주의 말을 내뱉었다. 패륜을 저지른 아들에게 죽음의 형벌을 내려달라고 바다의 신 포세이돈에게 빌기도 했다.

쫓겨난 히폴리토스가 전차를 타고 코리토스 해안을 달리고 있을 때였다. 갑자기 바다에서 황소 한 마리가 나오더니 히폴리토스가 탄 전차로 달려들었다. 테세우스의 기도를 들은 바다의 신 포세이돈이 보낸 황소였다. 황소가 달려들자 전차를 끌던 말들이 놀라 날뛰었다. 그 바람에 히폴리토스가 전차에서 튕겨져 나가며 한쪽 다리가 고삐에 감겼다. 히폴리토스는 미친 듯 내달리는 말들이 끄는 전차에 다리가 매달린 채로 거칠게 끌려갔다. 히폴리토스는 산 채로 뼈가 부러지고 살점이 찢겨져 나갔다. 말들은 히폴리토스의 숨이 끊어진 뒤로도 한참을 더 달렸다. 너무도 참혹한 죽음이었다.

　비극의 배후에는 아프로디테 여신이 있었다. 히폴리토스가 섬기는 아르테미스 여신은 평생 남자를 멀리하고 처녀로 살았으며, 자신을 섬기는 요정들에게 순결 서약까지 받았다. 그런 여신을 섬기는 사람답게 히폴리토스 역시 남녀 간의 사랑에는 관심이 없었다. 수많은 여성들이 히폴리토스에게 호감을 갖고 애정을 표현했지만, 그는 모조리 거부했다. 이렇듯 사랑에 냉담한 히폴리토스의 행동은 아프로디테 여신의 심기를 몹시 거슬렀다. 사랑의 여신에게 있어 그것은 모독과도 같은 행위였다.

　히폴리토스의 강직한 성품이 초래할 수도 있는 위험을 감지한 이가 있었다. 그는 히폴리토스의 늙은 시종이었다. 시종은 히폴리토스에게 모든 신에게 그에 합당한 경의를 표하는 것이 좋다고 조언했다. 오로지 아르테미스 여신만을 경배하지 말고 아프로디테 여신에게도 최소한의 예를 갖추라는 뜻이었다. 하지만 히폴리토스는 늙은 하인의 충언을 받아들이지 않았다.

　결국 아프로디테 여신은 분노했다. 아프로디테는 자신에게 모욕감을 준 히폴리토스에게 대가를 치르게 하리라 마음먹었다. 그러던 중에 파이드라가 아프로디테의 눈에 띄었다. 아프로디테는 파이드라의 마음에 히폴리토스를 향한 불타는 욕망을 불러일으켰다. 이것이 파이드라와 히폴리토스가 맞은 비극적 죽음의 전모다. 어찌 보면 파이드라는 여신의 분풀이 도구로 악용된 희생양이었던 것이다.

　다만 히폴리토스는 그 경건함 덕에 죽음에서 부활했다. 그의 죽음을 안

파이드라, 알렉상드르 카바넬

타까워한 아르테미스 여신은 조카인 아스클레피오스에게 히폴리토스를 되살려달라고 부탁했다. 아스클레피오스는 아버지 아폴론의 피를 이어받은 의술의 신이었다. 그는 메두사의 피와 주술을 사용하여 죽은 사람을 살려내는 방법까지 터득해 둔 상태였다. 실로 그의 의술은 아무도 따라잡을 수 없는 경지에 이르렀다.

아스클레피오스는 히폴리토스 외에도 몇몇 인간을 죽음에서 부활시켰다. 그런데 죽은 자를 되살리는 것은 신의 섭리를 거스르고 만물의 균형을 깨뜨리는 행위였다. 저승의 신 하데스와 운명의 여신들이 이에 반발하며 불만을 제기했다. 그러자 최고 신 제우스는 벼락을 내리쳐 아스클레피오스를 죽였다.

세멜레,
신을 잉태한 유일한 인간

테바이 왕국을 창건한 카드모스는 조화의 여신 하르모니아를 아내로 맞았다. 금슬 좋은 부부는 슬하에 아들 둘 딸 넷을 두었다. 네 딸의 이름은 아우토노에, 이노, 아가우에, 세멜레였다. 바람둥이 신 제우스가 카드모스의 네 딸 중 하나인 세멜레에게 반했다. 제우스는 매일 밤 인간의 모습으로 변신하여 세멜레를 찾아갔다. 세멜레도 가장 존귀한 신인 제우스의 사랑을 받는 것이 싫지 않았다. 계속된 밀회 끝에 세멜레는 제우스의 아이를 잉태했다. 세멜레는 기쁨에 들떠 그 사실을 자매들에게 털어놓았다.

제우스 신의 부인인 헤라 여신은 남편의 외도를 일찌감치 알고 있었다. 헤라는 지칠 줄 모르는 남편의 여성편력에 속이 부글부글 끓었다. 그 와중에 세멜레가 임신까지 하자 가만히 두고 볼 수 없었다.

헤라는 유모의 모습으로 변신하여 세멜레를 찾아갔다. 세멜레는 오랜만에 자신을 찾아온 유모를 반갑게 맞이했다. 그리고 제우스 신과의 관계와 임신 이야기를 미주알고주알 풀어놓았다. 그러자 유모는 매일 밤 찾아와 사랑을 나누는 남자가 제우스 신인 게 확실하냐고 물었다. 그러면서 그가 정말로 제우스 신인지를 반드시 확인해야 한다고 세멜레를 부추겼다.

혜라 여신의 계략은 성공적이었다. 세멜레는 사랑을 나누는 이가 제우스 신이 아닐 거란 생각을 단 한 번도 해보지 않았었다. 그런데 유모의 말을 들은 뒤로 세멜레의 마음에 의심이 싹트기 시작했다.

그날 밤 세멜레는 어김없이 자신을 찾아온 제우스에게 소원이 하나 있으니 꼭 들어달라고 얘기했다. 눈에 넣어도 아프지 않을 만큼 사랑스러운 세멜레의 소원을 제우스는 거부할 수 없었다. 그게 무엇이든 들어주겠다고 스틱스 강을 걸고 맹세했다.

세멜레의 소원은 제우스의 본 모습을 보여 달라는 것이었다. 인간으로 변신한 모습이 아니라 존엄한 신의 모습을 보고 싶다고 세멜레는 간청했다. 제우스는 곤란했다. 제우스는 하늘과 빛의 신이었다. 제우스를 둘러싸고 있는 천둥과 벼락은 인간인 세멜레가 결코 감당할 수 없는 것이었다. 이를 알고 있는 제우스는 세멜레를 어르며 다른 소원을 말해보라 했다. 그러나 세멜레는 막무가내였다.

스틱스 강을 걸고 한 맹세를 주워 담을 수도 없었다. 결국 제우스는 세멜레 앞에서 원래의 모습을 드러냈다. 세멜레는 제우스가 뿜어내는 강력한 화염에 휩싸였다. 고통 속에서 죽어가는 세멜레를 보는 제우스의 마음도 까맣게 타들어갔다. 그렇지만 돌이킬 수 없었다. 대신 제우스는 헤르메스의 도움을 받아 세멜레의 배 속에서 자라고 있던 태아를 건네받았다. 제우스는 재빨리 자신의 허벅지를 갈라 그 속에 태아를 넣고 봉합했다.

세멜레가 잉태했던 태아는 제우스의 허벅지 속에서 달을 모두 채우고 세상에 나왔다. 그가 바로 포도주의 신 디오니소스다. 그런데 세멜레의 자

제우스가 뿜어내는 화염에 몸부림 치는 세멜레, 오도아르도 페리니

매들은 세멜레의 죽음을 그리 안타까워하지 않은 듯하다. 특히 아가우에는 세멜레가 천벌을 받아 죽었다는 거짓 소문까지 퍼뜨렸다. 그저 그런 인간 남자와 밀회를 즐기다 아이를 가졌는데, 그 아이가 제우스 신의 아이라고 거짓말했다는 것이었다. 그래서 제우스 신의 노여움을 사서 죽게 됐다고 아가우에는 떠들고 다녔다. 이 거짓말 때문에 아가우에는 훗날 골육상잔의 잔혹한 비극을 겪게 된다.

제우스는 막 태어난 디오게네스를 세멜레의 언니 이노에게 맡겨 돌보게 했다. 여신 헤라는 남편의 혼외 자식을 용납할 수 없었다. 이노가 디오게네스를 양육하는 것을 안 헤라는 몹시 분노했다. 헤라는 이노와 그녀의 남편을 미치게 만들었다. 그 결과 그들은 자기 자식들을 살해했다.

제우스는 헤르메스를 시켜 디오니소스를 인도로 피신시켰다. 인도에서 디오니소스는 요정들의 보살핌을 받으며 자랐다. 디오니소스는 자라면서 여러 차례 기적을 행했다.

그리스로마 신화를 통틀어 신과 인간 사이에서 신이 태어난 경우는 디오니소스가 유일하다. 세멜레는 성경에 등장하는 마리아처럼 신을 잉태한 유일한 인간이었다.

성인이 된 디오니소스는 저승 세계로 내려가서 안타깝게 죽은 어머니 세멜레를 데려왔다. 그는 아버지이자 최고 신인 제우스의 허락을 받고 세멜레를 신으로 만들었다. 신이 된 세멜레는 티오네라는 새 이름을 갖게 되었다.

이노,
조카를 보살피다 자기 자식을 잃은 어머니

이노는 갓 태어난 디오니소스를 키워 달라는 제우스의 요청을 거부할 수 없었다. 질투의 화신 헤라가 해코지 할까 걱정도 되었지만, 죽은 동생의 아들을 외면할 수도 없었다. 이노는 디오니소스를 데려와 자신의 두 아들과 함께 보살폈다.

안타깝게도 이노는 디오니소스를 얼마 키우지 못했다. 그녀의 우려는 현실이 되었다. 헤라는 눈엣가시 같은 제우스의 혼외 자식을 받아들인 이노에게 앙심을 품었다. 이때 이노는 오르코메노스의 왕 아타마스와 결혼한 상태였다. 헤라는 이노와 아타마스에게 앙갚음을 하기 위해 저승을 방문했다.

저승에 간 헤라는 복수의 여신들을 찾아가서 자신을 대신해 이노 부부에게 벌을 내려달라고 요청했다. 세 명의 복수의 여신 가운데 티시포네가 헤라의 요청을 받아들였다. 티시포네는 독사가 뒤엉킨 머리카락, 검은 물이 흘러내리는 눈을 가지고 있었다. 그녀를 한번 보기만 해도 누구든 공포에 떨지 않을 수 없었다. 티시포네는 무시무시한 광기를 몰고 오르코메노스로 갔다.

티시포네는 머리에서 독사를 뽑아 이노와 아타마스가 사는 왕궁에 풀어 두었다. 그리고 독사를 발견하고 겁에 질려 궁을 빠져나가려는 부부를 향해 독즙을 뿌렸다. 독즙에는 망각, 환각, 살기, 광기를 불러일으키는 성분이 들어있었다.

독즙을 맞은 아타마스가 곧바로 광기를 드러냈다. 그는 아내의 품에 안겨 있던 아들 레아르코스를 거칠게 낚아채더니 공중에서 빙글빙글 돌리다가 바위에 내팽개쳤다. 아들은 즉사했다. 광기는 이노 역시 그냥 두지 않았다. 눈앞에서 레아르코스의 죽음을 지켜본 이노는 남은 아들 멜리케르테스를 펄펄 끓는 물에 담가 죽여 버렸다. 정신을 차린 뒤 이노는 자신이 저지른 끔찍한 짓을 보고 절규하며 아들의 시신을 안고 바다에 뛰어들었다.

끔찍한 사건이 일어난 후 아타마스는 자신의 왕국에서 추방되었다. 그는 신에게 어디로 가야 하는지 물었다. 그는 어디든 들짐승들로부터 환대받는 곳으로 가라는 신탁을 받았다. 길을 떠난 그는 늑대가 많은 지역에 이르렀다. 그곳에 정착해 다른 여인과 결혼하여 남은 생을 보냈다.

아들의 시신을 안고 물에 뛰어든 이노는 신이 되었다. 바다의 신 네레우스가 낳은 백여 명의 딸들이 이노와 멜리케르테스를 되살려냈다. 이노는 새하얀 물보라의 여신 레우코테아가 되고, 멜리케르테스는 돌고래를 타고 다니는 신 팔라이몬이 되었다. 모자는 바다를 항해하는 이들을 지켜주었다.

호메로스의 작품 〈오디세이아〉 5권에는 레우코테아가 된 이노와 오디세우스의 인연이 소개된다.

뗏목을 타고 요정 칼립소의 섬을 빠져나온 오디세우스는 바다의 신 포세이돈이 일으킨 거센 폭풍우를 만났다. 레우코테아는 난파 직전 뗏목에서 우왕좌왕하는 오디세우스를 발견하고는 뗏목 위에 사뿐히 올라앉았다.

그녀는 오디세우스에게 살고 싶다면 옷을 바다에 내던지고 뗏목도 버리라고 말했다. 그리고 '불멸의 머릿수건'을 건네주며 그것을 가슴에 두르라는 말을 남기고 바닷물 속으로 사라졌다. 레우코테아가 사라진 후 뗏목은 거센 파도를 맞고 산산이 부서졌다. 오디세우스는 레우코테아가 주고 간 머릿수건을 알몸에 묶고 바다로 뛰어들었다.

며칠을 표류한 끝에 오디세우스는 파이아케스 족이 사는 스케리아 섬에 도착했다. 파이아케스 족은 오디세우스를 환대해주었을 뿐 아니라 그가 무사히 고향에 돌아갈 수 있게 도와주었다.

스케리아 섬에 도착했을 때 오디세우스는 가슴에 묶고 있던 머릿수건을 풀어서 바다로 흘려보냈다. 레우코테아는 곧바로 그 머릿수건을 다시 가져갔다. 아마도 바다를 표류하는 또 다른 사람을 만나면 다시 건네주려는 마음에서였을 것이다.

아들을 내던지려는 남편을 말리는 이노, 아르칸젤로 미글리아리니

아가우에,
광기에 휩싸여 아들을 죽인 디오니소스 신도

테바이 왕 펜테우스는 날로 늘어나는 디오니소스 숭배자들 때문에 골치가
아팠다. 디오니소스는 포도주와 쾌락의 신으로 펜테우스 왕의 사촌이었다.

디오니소스는 갓난아기 때부터 아시아와 중동지역을 떠돌아다니며 자랐
다. 제우스의 본부인 헤라 여신의 눈을 피해야 했기 때문이다. 포도주의 신
이 된 뒤로는 가는 곳마다 포도나무와 포도주를 전파했다. 포도주가 주는
황홀경과 쾌락에 도취된 이들은 디오니소스를 열렬히 숭배했다. 추종자는
급속도로 늘어났다.

디오니소스를 숭배하는 사람은 나뭇잎과 나뭇가지로 엮은 관을 머리에
쓰고, 담쟁이 넝쿨을 휘감은 창 '타르소스'를 손에 들고서 떼로 몰려다녔
다. 그들 대부분이 여자였다. '마이나데스'라고 불리는 이 여인들은 마치
미친 사람처럼 숲을 휘젓고 다니며 디오니소스 의식을 행했다. 마이나데스
는 사슴 가죽을 몸에 걸치고 뱀을 허리띠로 찼다. 의식이 시작되면 한손에
는 술잔을 다른 한손에는 타르소스를 들고 신들린 듯이 춤을 추었다. 타르
소스를 땅에 꽂으면 그곳에서 포도주가 흘러나왔다. 포도주와 광기에 취한

마이나데스는 산짐승을 잡거나 주변의 인가에 가서 가축을 약탈했다. 의식이 절정에 다다를수록 마이나데스의 광기도 극에 달했다. 그들은 무시무시한 힘으로 잡아들인 짐승의 몸을 맨손으로 찢고, 그것을 먹었다.

디오니소스는 방랑을 끝내고 자신을 숭배하는 이들과 함께 어머니의 고향인 테바이로 가기로 했다. 이 소식이 전해지자 테바이 사람들은 디오니소스 신을 맞이할 준비로 술렁였다. 하지만 펜테우스 왕만은 달랐다. 그는 디오니소스를 신으로 인정하지 않았다. 도리어 디오니소스와 그 추종자들을 신흥 사이비 종교집단으로 낙인찍었다. 그래서 추종자들의 테바이 입성을 허락하지 않을 것임을 선포했다.

많은 사람들이 펜테우스에게 충고와 간언을 했다. 테바이의 창건자이자 외할아버지인 카드모스와 이모부까지 나서서 디오니소스를 배척하지 말라고 권고했다. 예언자 테이레시아스는 신에게 맞서지 말라고 충고했다. 만약 디오니소스를 인정하고 받아들이지 않으면 온몸이 갈기갈기 찢겨 죽을 것이라고 테이레시아스는 예언했다. 그러나 펜테우스는 자신을 아끼고 염려하는 이들의 조언을 모조리 무시했다.

마침내 디오니소스 일행이 테바이에 입성했다. 수많은 사람들이 디오니소스를 환대했다. 하지만 펜테우스는 디오니소스를 쇠사슬로 꽁꽁 묶어 감옥에 가두어버렸다.

펜테우스가 아무리 인정하지 않아도 디오니소스는 신이었다. 신은 인간이 쇠사슬 따위로 속박할 수 있는 존재가 아니다. 디오니소스는 포박을 풀고 감옥을 빠져나갔다. 그는 탈옥한 후 펜테우스 앞에 나타나 마이나데스가 벌이는 의식을 직접 보고 싶지 않은지 물었다. 펜테우스는 이성을 잃은 여자들이 벌이는 원색적인 의식을 훔쳐보고 싶다는 욕구를 극복하지 못했다. 그는 여장까지 하고 의식이 행해지고 있는 키타이론 산으로 향했다.

펜테우스는 무성한 풀숲에 몸을 숨기고 여신도들의 의식을 구경했다. 의식의 분위기가 점점 고조돼 갔다. 펜테우스는 좀 더 자세히 보고 싶은 마음이 들었다. 디오니소스가 키 큰 전나무를 구부리더니 그 위에다 펜테우스를 올려주었다.

전나무 줄기가 펴지면서 펜테우스가 모습을 드러낸 순간이었다. 펜테우스는 마이나데스 틈에 섞여 의식을 행하고 있던 어머니 아가우에와 눈이 딱 마주쳤다. 이미 광기에 사로잡힌 아가우에의 눈에는 아들 펜테우스가 들짐승으로 보였다. 아가우에가 마이나데스를 향해 "들짐승이다!"라고 외쳤다. 그러자 한 무리의 여신도들이 전나무를 향해 달려갔다. 어머니 아가우에를 선두로 해서 달려오는 여신도들 속에는 이모 아우토노에도 있었다. 그들은 순식간에 전나무를 뽑아버리고는 땅에 떨어진 펜테우스에게 달려들었다.

펜테우스는 달려드는 어머니를 보며 외쳤다. "어머니 저예요. 어머니 아들 펜테우스예요." 하지만 실성한 아가우에의 귀에는 짐승의 울부짖음으로 들릴 뿐이었다. 펜테우스는 이모 아우토노에에게도 살려달라고 애원했지만 소용없었다. 다음 순간 이모와 여신도들이 펜테우스의 팔다리를 잡고 뜯어냈다. 마지막으로 아가우에가 아들의 머리를 뽑아버림으로써 광란의 살육은 끝이 났다.

아가우에는 죽은 아들의 머리를 타르소스에 꿰어 들고 테바이 성내로 들어갔다. 그녀는 의기양양한 모습으로 자신이 키타이론 산에서 거대한 들짐

펜테우스를 공격하는 마이나데스, 작자미상, 폼페이 벽화

승을 맨손으로 때려잡았다고 자랑했다. 얼마 지나지 않아 그녀는 제정신을 되찾았다. 정신이 돌아온 그녀는 자신이 저지른 일을 알고는 충격에 휩싸였다. 가슴 치며 후회했지만 돌이킬 수 없는 일이었다. 그녀는 헤아릴 수 없는 슬픔에 빠졌다.

이 모든 것은 디오니소스의 계략이었다. 참극은 디오니소스의 사무친 원한에서 비롯되었다. 디오니소스는 테바이에 입성할 때부터 이모 아가우에를 단죄하려 마음먹고 있었다. 어머니 세멜레의 불행한 죽음 이후 아가우에가 보여준 태도 때문이었다.

세멜레는 헤라 여신의 간계로 제우스가 내뿜는 화염에 불타 죽었다. 아가우에는 불행한 세멜레를 동정하기는커녕 파렴치하고 부정한 여인이라고 모욕했다. 그런 아가우에를 디오니소스는 결코 용서할 수 없었다. 결국 디오니소스는 아들을 찢어 죽이는 처참한 비극으로 아가우에에게 복수한 셈이다.

살육의 대가는 냉정했다. 펜테우스를 죽이는 데 직접 가담한 아가우에와 자매들은 물론이고, 그들의 부모인 카드모스 내외까지 테바이에서 추방되었다. 그들은 각자 마음에 깊은 회한을 품은 채 뿔뿔이 흩어졌다.

카드모스는 아내 하르모니아와 함께 그리스 서북부에 있는 일리리아 지방으로 갔다. 그곳에서 그는 자식들의 비극적인 운명이 자신의 업보에서 비롯되었다고 자책하며 스스로 뱀이 되었다. 하르모니아도 남편을 따라 뱀이 되었다.

안드로메다,
어머니의 망언 때문에 위기에 처하다

깎아지른 듯 아찔한 바닷가 절벽 위에 한 소녀가 묶여 있었다. 에티오피아 왕 케페우스의 외동딸 안드로메다였다. 아름다운 얼굴은 공포로 일그러졌고, 몸은 사시나무가 떨리듯 흔들거렸다. 그녀는 곧 바다괴물의 먹이가 될 참이었다.

안드로메다가 제물로 바쳐지게 된 것은 어머니 카시오페이아 때문이었다. 카시오페이아는 미모가 출중한 딸 안드로메다를 무척 자랑스러워했다. 틈만 나면 주변에 딸 자랑을 하고 다녔다. 딸 자랑은 점점 도를 지나쳐 갔다. 나중에는 쉰 명이 훌쩍 넘는 바다 요정들의 미모를 모두 합친 것보다 자기 딸의 미모가 훨씬 뛰어나다고 떠벌였다. 그것이 화근이었다.

바다의 요정들은 바다의 신 네레우스와 바다의 여신 도리스가 낳은 딸들이었다. 하나같이 다 아름답기로 명성이 자자했다. 네레우스는 대지의 여신 가이아의 아들로 친절하고 온화한 성품을 지닌 신이었다. 그러나 이번에는 달랐다. 딸들과 자기 집안에 모욕감을 준 카시오페이아의 오만방자함을 그냥 두고 보지 않았다. 그는 사위인 바다의 신 포세이돈에게 무엄한 왕비가 있는 왕국을 황폐화시키라고 명했다. 포세이돈 역시 자기 아내를 모욕한 카시오페이아에게 불쾌감을 느끼던 참이었다. 포세이돈은 마침 잘 됐다 싶어 강력한 해일을 일으켜 왕국을 휩쓸어버렸다.

해일이 몰려오고 바다괴물까지 등장해 왕국을 쑥대밭으로 만들자 초조 해진 케페우스 왕은 신에게 자비를 구했다. 신은 왕의 무남독녀를 제물로 바치면 재앙이 끝날 것이라고 했다. 이리하여 안드로메다가 쇠사슬에 꽁꽁 묶여 해안 절벽에 매달리게 된 것이다. 안드로메다는 모든 것을 체념한 채 바다괴물의 먹이가 되기만을 기다리고 있었다. 바로 그때 공중에 웬 사내 가 나타났다. 페르세우스였다.

페르세우스는 아르고스의 공주 다나에와 제우스 신 사이에서 태어난 인 물이다. 아르고스 왕 아크리시우스는 어느 날 자신이 외손자의 손에 죽음 을 맞을 것이라는 예언을 들었다. 두려움을 느낀 왕은 딸 다나에를 청동으 로 만든 방에 가두었다. 딸이 그 누구와도 접촉하지 못하게 손을 쓴 것이 다. 그러나 제우스에게 불가능이란 없었다. 다나에에게 반한 제우스는 황 금비로 변신해 청동 방에 스며들어 다나에와 사랑을 나누었다. 다나에가 출산하자 아크리시우스 왕은 그녀를 갓 태어난 페르세우스와 함께 바구니 에 실어 바다에 버렸다. 자기 손으로 직접 죽이지는 않으면서도 죽음으로 내몬 것이었다. 하지만 모자는 신의 보호 아래 무사히 세리포스 섬에 당도 하여 어부에게 구조됐다.

페르세우스는 세리포스 섬에서 건장한 청년으로 성장했다. 세리포스 왕 폴리덱테스에게는 페르세우스가 눈엣가시였다. 아름다운 다나에에게 반해 그녀를 취하려 했지만, 아들인 페르세우스가 번번이 막아섰기 때문이다.

다나에, 오라치오 젠틸레스키

폴리덱테스는 페르세우스를 제거하기 위해 불가능에 가까운 임무를 맡겼다. 메두사를 퇴치하는 일이었다.

메두사는 원래 풍성한 머리카락을 지닌 매우 아름다운 여인이었다. 그녀는 자신의 미모를 아테나 여신과 견주다 여신의 미움을 샀다. 게다가 한술 더 떠 포세이돈 신을 아테나 신전으로 유혹하여 그곳에서 사랑을 나누었다. 분노한 여신은 메두사의 외모를 흉측하게 바꾸어놓았다. 비단결 같던 머리칼은 한 올 한 올이 징그러운 독사로 변해 꿈틀거렸다. 하얗고 고르던 치아에서는 날카로운 어금니가 돋아났다. 반짝이던 두 눈은 추하게 튀어나왔다. 그 눈빛은 너무도 강렬하고 섬뜩해서 마주치는 것들이 모조리 돌로 변해버렸다. 그때부터 메두사는 모든 이가 끔찍하게 여기고 가까이 갈 수 없는 괴물이 되었다.

그런 메두사를 퇴치하는 것은 애당초 페르세우스에게 실현 불가능한 일이었다. 그런데 아테나 여신이 도와줌으로써 그것은 실현 가능한 일이 되었다. 여신은 거울처럼 비치는 청동방패를 페르세우스에게 주고, 그것을 이용하여 메두사를 죽이는 방법을 알려줬다. 다른 신들도 페르세우스를 도왔다. 헤르메스는 날개 달린 신발을 선사했고, 저승의 신 하데스는 투명인간이 되게 해주는 투구를 주었다.

페르세우스는 신들이 준 도구를 들고 메두사의 은신처를 찾아갔다. 그는 아테나 여신이 가르쳐준 대로 했다. 청동방패에 메두사를 비춰 봄으로써 돌이 되지 않고 무사히 메두사의 목을 벴다. 그러고는 베어낸 머리를 아테나 여신에게 받은 주머니에 넣어 가지고 갔다.

돌아가는 길에 밤이 찾아왔다. 페르세우스는 메두사와 사투를 벌이느라

기력을 다 썼기에 하룻밤 묵어갈 곳을 찾아야 했다. 그는 티탄 신족의 후손인 아틀라스가 다스리는 나라에 당도했다. 페르세우스는 아틀라스에게 자신의 신분과 메두사를 퇴치한 일을 말하고 숙식을 제공해 달라고 부탁했다. 아틀라스는 페르세우스의 부탁을 매몰차게 거절했다. 화가 난 페르세우스는 주머니에서 메두사의 머리를 꺼내 아틀라스의 눈앞에 들이댔다. 메두사의 머리를 본 아틀라스의 몸은 그 자리에서 서서히 굳어져 거대한 산맥이 되었다.

페르세우스는 다시 길을 떠났다. 얼마 뒤 폭풍이 몰아치는 바닷가 절벽에 묶여 있는 안드로메다를 발견했다. 그 순간 페르세우스의 눈에서 빛이 났다. 여태껏 그렇게 예쁜 여인을 본 적이 없었기 때문이다. 하늘에서 내려다보던 페르세우스는 하마터면 추락할 뻔했다. 두려움 때문에 새파랗게 질리고 일그러진 표정도 그녀의 아름다움을 가리지 못했다.

페르세우스는 안드로메다에게 절벽에 묶인 이유를 물었다. 대략적인 사연을 전해들은 페르세우스는 곧장 안드로메다의 부모에게로 날아갔다. 그러고는 딸을 구해줄 테니 사위로 삼아달라고 했다. 사실 케페우스 왕은 자기 동생에게 딸을 주기로 약속해둔 터였다. 하지만 바다괴물이 딸을 집어삼키러 코앞까지 들이닥친 상황에서 이전의 약속 따윈 중요하지 않았다. 왕은 페르세우스에게 딸을 구해만 준다면 사위로 맞아들이겠다고 기꺼이 승낙했다. 아예 왕국까지 내어주겠노라고 약속했다.

페르세우스는 재빨리 안드로메다가 묶여 있는 절벽으로 날아갔다. 바다괴물이 입을 쩍 벌리고 안드로메다를 향해 돌진하고 있었다. 일촉즉발의 위기 상황에서 페르세우스가 하늘로 힘차게 솟구쳐 오르는가 싶더니 칼을

안드로메다를 구출하는 페르세우스, 프레드릭 레이튼

세우고는 바다괴물을 향해 수직으로 낙하했다. 한바탕 격렬한 사투를 벌인 끝에 페르세우스는 괴물을 물리쳤다.

많은 이들이 축복하는 가운데 안드로메다와 페르세우스의 결혼식이 거행됐다. 결혼의 신 히메나이오스와 사랑의 신 에로스도 참석해 횃불을 흔들어주었다. 환호와 축복으로 시끌벅적한 결혼식장에 난데없이 무장한 무리들이 들이닥쳤다. 케페우스 왕의 동생과 그 일당들이었다. 왕의 동생은 자신과 결혼하기로 약속돼 있던 안드로메다와 페르세우스의 결혼에 불만을 품고 있었다. 그래서 신부를 되찾기 위해 결혼식장을 습격한 것이다. 그러나 페르세우스는 메두사의 머리를 이용해 침입자들을 간단하게 제압했고 결혼식은 무사히 끝이 났다.

안드로메다와 페르세우스는 한동안 에티오피아에 머문 후 세리포스 섬으로 갔다. 그곳에서 페르세우스는 어머니 다나에를 차지하기 위해 자신을 사지로 몰았던 폴리덱테스를 돌로 만들었다. 페르세우스는 아테나 여신에게 메두사의 머리를 바쳤다. 아테나 여신은 자신의 방패 '아이기스'의 한가운데에 메두사의 머리를 박아 넣었다. 페르세우스 덕분에 메두사에 대한 응징을 완수한 것이다.

안드로메다와 페르세우스 부부가 죽자 아테나 여신은 그들을 밤하늘의 별자리로 만들어주었다. 안드로메다는 우리 은하와 가장 가까운 은하이다. 현대 천문학에서는 앞으로 30억 년쯤 지나면 우리 은하와 합쳐질 것이라고 한다. 그때 인류는 부활한 안드로메다 공주를 다시 볼 수 있을까?

마카리아,
아버지의 명성도 구하지 못한 희생

그리스 신화 속 최고 영웅 헤라클레스는 제우스 신이 암피테리온의 부인인 알크메네과 사통하여 태어난 인물이다. 헤라클레스는 열두 가지 고역을 치르면서 초인의 힘을 과시했다. 단순히 힘을 과시하는 데 그친 것이 아니다. 그 힘으로 인간 세상의 평화와 안정을 해치는 무뢰배들을 퇴치했다. 헤라클레스는 뜻하지 않게 죽음이 찾아왔을 때도 구차하게 살려고 하지 않았다. 스스로 장작더미에 올라가 장렬하게 죽음을 맞이했다. 그야말로 영웅다운 죽음이었다.

그러나 그의 자식들은 아버지가 지닌 힘과 명성의 후광을 입지 못했다. 오히려 더 불행해졌다. 헤라클레스에게 열두 가지 고역을 떠맡겼던 아르고스의 왕 에우리스테우스는 헤라클레스에게 질투와 두려움이 뒤섞인 감정을 품고 있었다. 그는 헤라클레스가 죽고 나자 그의 자식들을 괴롭혔다. 아버지라는 강력한 보호막이 사라진 상태에서 헤라클레스의 자식들은 속수무책으로 당할 수밖에 없었다. 그들은 에우리스테우스의 박해를 피해 그리스의 이곳저곳으로 피난 다녔다. 헤라클레스의 사촌이자 열두 가지 고역

수행을 도운 이올라오스가 그들과 함께 했다. 할머니 알크메네도 있었다. 그렇지만 늙은 알크메네와 이올라오스는 그들에게 아무런 방패가 되어주지 못했다. 그들이 기댈 곳은 그저 선의의 손길뿐이었다.

그들이 아테네 영내로 도망쳐서 제우스 신전에 피신해 있을 때였다. 당시 아테네는 영웅 테세우스의 아들 데모폰이 통치하고 있었다. 에우리스테우스가 군대를 이끌고 아테네를 포위했다. 에우리스테우스는 데모폰에게 전령을 보내 헤라클레스의 자식들을 내놓으라고 요구했다. 데모폰은 에우리스테우스의 요구를 단호하게 거부했다. 도움을 호소하는 이방인을 넘겨주는 것은 아테네의 자존심이 허락하지 않는 일이었다. 그러자 에우리스테우스는 아테네를 공격했다.

전세는 아테네에 불리하게 돌아갔다. 초조해진 아테네의 예언자들은 신탁을 구했다. 신탁은 양갓집 처녀를 제물로 바치면 에우리스테우스의 군대를 물리칠 수 있을 것이라는 답을 내놓았다. 데모폰은 난감했다. 죄 없는 처녀를 제물로 바치는 것은 너무나도 가혹한 행위였다. 그렇다고 에우리스테우스에게 항복하고 헤라클레스의 자식들을 넘겨줄 수도 없는 노릇이었다.

데모폰은 이러지도 못하고 저러지도 못하며 심각한 고민에 빠졌다. 그때 피난 온 헤라클레스의 자식들 중 한 명이 그를 찾아갔다. 딸 마카리아였다. 그녀는 제물이 되기를 자청했다. 기꺼이 제물이 되어 가족과 아테네를 지키겠다고 그녀는 말했다. 결국 그녀는 희생제물이 되고 말았다.

마카리아의 희생 덕분이었을까? 전세는 거짓말처럼 뒤집혔다. 다른 도시국가들에 도움을 요청하러 떠났던 헤라클레스의 장남 힐로스가 지

원군과 함께 돌아왔다. 늙은 이올라오스도 기적적으로 젊음의 원기를 회복했다. 청춘의 여신 헤베에게 "단 하루만 젊어지게 해달라"고 기도한 덕분이었다. 이들은 아테네군과 힘을 합쳐 에우리스테우스의 군대에 맞서 싸웠다.

신탁대로 에우리스테우스는 전쟁에서 대패했다. 이올라오스는 도망가는 에우리스테우스를 포로로 잡았다. 헤라클레스의 어머니 알크메네는 에우리스테우스를 사형에 처하라고 요구했다. 그에 대한 원한이 너무도 깊었던 것이다. 생전의 헤라클레스에게 갖은 시련을 안겨준 것으로도 모자라서 헤라클레스가 죽은 후에는 그 가족을 괴롭힌 끝에 마카리아마저 죽음으로 몰아넣었기 때문이다. 에우리스테우스는 참수형에 처해졌다. 알크메네는 잘린 에우리스테우스의 머리를 죽은 마카리아에게 바쳐 그녀의 넋을 달랬다.

열두 가지 고역 중 두 번째 고역인 히드라를 처치하는 헤라클레스, 안토니오 델 폴라이올로

에우리디케,
남편의 방심 때문에 저승으로 되돌아가다

에우리디케는 아름다운 물의 요정이었다. 그리스 신화에서 가장 뛰어난 음악인으로 불리는 오르페우스가 그녀에게 반했다. 둘은 서로에 대한 애정을 확인하고 결혼식을 올렸지만, 행복은 금방 끝났다. 풀숲으로 산책 나간 에우리디케가 뱀에 물려 목숨을 잃은 것이다.

갑작스레 아내를 잃은 오르페우스는 깊은 슬픔에 빠졌다. 에우리디케를 잊으려 애써보기도 했지만 소용없었다. 그는 죽은 아내를 찾으러 저승에 가기로 마음먹었다.

저승에 가기 위해서는 뱃사공 카론이 띄우는 배를 타고 스틱스 강을 건너야 했다. 카론의 배는 오직 죽은 자들만이 탈 수 있었다. 당연히 산 자인 오르페우스는 카론의 배를 탈 자격이 없었다. 그렇지만 오르페우스는 뛰어난 노래 솜씨 덕분에 카론의 배를 탈 수 있었다.

오르페우스는 아폴론과 칼리오페 사이에서 태어났다. 아버지 아폴론은 올림포스 신들 가운데 가장 다재다능했는데, 그가 다스리는 것 중 하나가 음악이었다. 어머니 칼리오페는 예술과 학문의 여신인 뮤즈들 가운데 한

명으로 서사시를 관장했다. 아버지의 음악적 재능을 고스란히 물려받고, 어머니에게서는 노래와 시를 배우고 익혔다.

오르페우스가 하늘과 땅을 통틀어 가장 뛰어난 음악가로 성장한 것은 자연스런 결과였다. 그가 아버지 아폴론에게 선물 받은 리라 연주는 특히 아름다웠다. 그 선율은 지상과 지하의 만물을 감동시켰다. 폭풍은 잠잠해지고, 괴수는 잠들었으며, 맹수는 온순해졌다. 스틱스 강의 뱃사공 카론 역시 죽은 자만 태운다는 원칙을 어기고 오르페우스를 배에 실어주었다. 스틱스 강 건너 지옥문을 지키는 맹견 케르베로스도 오르페우스의 리라 선율을 듣고는 경계를 풀었다. 마침내 오르페우스는 저승의 신 하데스와 그의 아내 페르세포네 앞에 이르렀다.

그는 하데스 부부와 복수의 여신 등 저승의 심판자들에게 간절히 호소했다. 에우리디케를 이승으로 다시 돌려보내달라고. 그들의 감정에 호소하기도 하고, 논리로 설득하려 하기도 했다. 불의의 사고로 인생의 꽃을 피워보기도 전에 죽은 에우리디케가 운명의 실을 다시 짜게 해달라고 거듭 간청했다. 에우리디케를 돌려보내주지 않으면 자신도 돌아가지 않을 거라고 떼를 쓰기도 했다. 그러나 심판자들은 눈 하나 깜빡하지 않았다.

오르페우스는 모든 것을 체념한 채로 리라를 꺼내들고 연주하기 시작했다. 저승 세계에 리라 선율이 조용하게 울려 퍼졌다. 리라 선율에는 오르페우스의 여정과 애틋한 감정이 고스란히 담겨 있었다.

음악이 흐른 지 얼마 안 돼 뜻밖의 일이 벌어졌다. 오르페우스가 그 어떤 말을 해도 냉담하던 심판자들이 동요하기 시작했다. 복수의 여신들은 눈물을 흘렸고, 시시포스는 굴리던 돌덩이를 잠시 세우고는 음악을 감상했다. 이미 죽어 저승에 내려간 인간들도 두 눈을 감고 아름다운 선율에 영혼을 기댔다.

심금을 울리는 리라 선율은 마침내 하데스 신과 아내 페르세포네의 마음까지 열었다. 하데스는 오르페우스에게 에우리디케를 데려가는 것을 허락했다. 단, 한 가지 조건이 있었다. 두 사람이 지하 세계를 완전히 빠져나갈 때까지 결코 뒤를 돌아보아서는 안 된다는 것이었다.

에우리디케는 저승을 떠나 이승으로 돌아갈 기회를 얻게 됐다. 에우리디케와 오르페우스는 하데스 신과 저승의 식구들에게 감사 인사를 한 뒤 지상으로 가는 여정에 올랐다. 스틱스 강을 건너 지상으로 향하는 길은 좁다란 오르막이었다. 그래서 둘은 나란히 걷지 못했다. 오르페우스가 앞장서고 에우리디케가 뒤따르는 식으로 두 사람은 묵묵히 걸었다.

부지런히 발걸음을 옮긴 끝에 두 사람은 지하 세계의 끄트머리에 다다랐다. 저만치 지상의 밝은 빛이 아스라이 비쳤다. 거의 다 왔다는 생각이 들면서 오르페우스는 안도감을 느꼈다. 밀려드는 안도감은 오르페우스의 긴장감을 늦추어놓았다. 문득 그는 뒤따라오는 에우리디케의 상태가 궁금해졌다. 멀지 않은 곳에서 반짝이는 지상의 빛을 발견한 기쁨을 그녀와 함께 나누고 싶어졌다. 그는 저도 모르게 에우리디케를 뒤돌아봤다.

순간 에우리디케의 모습이 점점 흐려지는가 싶더니 희뿌연 안개로 변했다. 그제야 오르페우스는 하데스가 내걸었던 조건이 떠올랐다. 당황한 그는 흐릿해지는 에우리디케를 향해 필사적으로 손을 뻗었다. 하지만 안개가 된 에우리디케는 순식간에 저승으로 다시 빨려 들어갔다.

오르페우스는 사라진 에우리디케를 뒤쫓아 내달렸다. 스틱스 강에 이르

에우리디케와 오르페우스, 카를 안드레아스 아우구스트 구스

러 뱃사공 카론에게 배를 한 번 더 태워달라고 빌었다. 그러나 카론은 냉정하게 거절했다. 처음 그곳을 지날 때처럼 리라를 켜 카론의 마음을 움직여 보려 했으나 이번에는 통하지 않았다. 더는 방법이 없었다. 오르페우스는 에우리디케를 영원히 잃었다.

오르페우스는 깊은 상실감과 절망에 휩싸여 외로이 지상 세계로 돌아갔다. 고향 트라키아로 간 후에는 한동안 식음을 전폐하고 오직 리라 연주에 몰두했다. 리라 선율은 그 어느 때보다 구슬펐다. 지상의 모든 생물이 그 선율에 맞춰 울었다.

오르페우스는 죽은 에우리디케만을 가슴에 품은 채 모든 여자를 멀리했다. 그러다 광란의 디오니소스 축제가 벌어지던 어느 날 광기에 휩싸인 여자들에게 죽임을 당했다.

니오베,
오만함 때문에 자식을 모두 잃은 어머니

니오베는 테바이 왕 암피온의 아내이자 프리기아 왕 탄탈로스의 딸이었다. 니오베의 아버지 탄탈로스는 최고 신 제우스의 아들로서 올림포스 신들로부터 총애를 받았다(훗날 그는 자신의 오만함과 잔인함 때문에 신들로부터 버려지고 저주받는다). 니오베의 남편 암피온 역시 제우스의 아들로서 리라 연주의 대가였다. 그는 쌍둥이 형제인 제토스와 함께 일곱 개의 문이 달린 난공불락의 테바이 성을 축조했다. 그는 이때 마법에 가까운 리라 연주로 돌들을 움직이게 했다.

이렇듯 명문가에서 나고 자라 명문가로 시집간 탓인지 니오베의 콧대는 하늘을 찔렀다. 도무지 겸손을 몰랐다. 니오베의 교만은 자식 자랑에서 절정을 이루었다. 그녀는 일곱 명의 아들과 일곱 명의 딸을 낳았는데, 모두가 건강하고 아름다웠다. 주변의 내로라하는 왕국에서 니오베의 자식들과 혼인 관계를 맺으려고 테바이 왕궁을 분주하게 드나들었다.

하지만 니오베의 자식 자랑은 도를 지나쳤다. 급기야는 신을 모독하기에 이르렀다. 테바이 사람들은 정기적으로 레토 신전에서 레토 여신과 두 자녀 아르테미스와 아폴론을 기리는 행사를 벌였다. 행사가 열리던 어느 날 니오베는 신전을 지나고 있었다. 그런데 여신과 두 자녀에게 경배 드리기 위해 몰려든 사람들을 보고 배알이 꼴렸다.

니오베는 자신이 레토 여신보다 못할 게 전혀 없다고 생각했다. 비록 신은 아니었지만 자신도 따지고 보면 신의 핏줄을 이어받았고, 남편 역시 그러했다. 제우스 신의 아들인 아버지는 막강한 힘과 부를 소유한 왕이었다. 뿐만 아니라 인간으로서는 유일하게 신들과 겸상을 하도록 허락받았다. 남편의 왕국에는 재물이 넘쳤다. 니오베는 미모로 봐도 자신이 레토 여신보다 우월하다고 여겼다. 그리고 무엇보다도 자녀들! 달랑 두 명의 자식을 둔 레토에 비해 자신은 몇 곱절이나 풍성한 자식 농사를 짓지 않았는가.

니오베는 솟구쳐 오르는 자만심을 억누르지 못했다. 신전에 모인 사람을 향해 속마음을 그대로 담아낸 망발을 쏟아내고야 말았다. 그녀는 자신의 부모, 남편, 자식, 재물, 외모에 대해 자화자찬한 뒤 레토 여신의 불행한 과거사를 들추어냈다.

올림포스의 정력가 제우스는 레토에게 애정공세를 퍼부었다. 레토는 그런 제우스를 받아들였고, 그 결과 쌍둥이 남매 아르테미스와 아폴론을 잉태했다. 그런데 제우스는 임신한 레토를 버려둔 채 헤라와 결혼을 해버렸다. 제우스의 부인이 된 헤라는 제일 먼저 제우스의 아이를 가진 레토를 견제했다. 헤라는 레토가 아이를 낳지 못하게 하려고 지상의 모든 대지에 레토를 받아들이지 말라는 엄명을 내렸다. 레토는 출산할 장소를 찾아 세상 곳곳을 돌아다녔지만, 산달이 다되도록 구하지 못했다. 이를 안타깝게 여

레토와 쌍둥이 남매, 장 애들랑크

긴 바다의 신 포세이돈이 헤라의 눈을 속여 바다를 떠도는 델로스 섬에 자리를 내주었다. 그곳에서 레토는 가까스로 쌍둥이를 낳을 수 있었다. 레토는 출산한 뒤에도 한동안 헤라의 보복을 피해 갓난아기 둘을 데리고 이곳저곳을 떠돌아다녀야만 했다. 도와주는 이 하나 없는 서러운 방랑의 시간이었다.

니오베는 이런 이야기를 들먹이며 레토 여신이 여자로서 너무나 팔자가 사납고 복이 없다고 조롱했다. 박복한 레토와 달리 자신은 세상에서 가장 복이 많은 여인이라고 자랑했다. 그 복이 열넷이나 되는 자기 자식들을 통해 대대손손 이어질 것이라고 뻐겼다. 니오베는 어느 모로 보나 자기가 더 여신 대접을 받을 만하다고 큰소리쳤다. 한술 더 떠 레토 여신에게 신전에서 썩 꺼지라고 목소리를 높였다.

이 일은 레토 여신에게 크나큰 충격과 모멸감을 주었다. 상처 입은 레토는 쌍둥이 남매를 불러놓고 니오베가 자신에게 준 모욕에 대해 이야기하며 한탄했다. 쌍둥이 남매 아르테미스와 아폴론은 어머니의 말을 듣고 분노했다. 남매는 감히 신을 모욕한 니오베를 벌하고 땅에 떨어진 여신의 권위를 다시 세워드리겠다고 어머니께 다짐했다.

아르테미스와 아폴론은 곧장 테바이 성으로 내려갔다. 때마침 니오베의 아들들이 다른 테바이의 아이들과 뒤섞여 놀고 있었다. 아폴론은 무리 중에서 니오베의 아들들을 골라냈다. 그런 다음 한 명씩 차례로 활시위를 겨누고 화살을 날렸다. 궁술을 관장하는 신답게 아폴론의 화살은 목표물을 한 치도 빗나가지 않고 정확히 꿰뚫었다. 난데없는 살육이 벌어지자 현장은 도망치고 울부짖는 사람들로 아수라장이 되었다.

소식을 들은 니오베와 남편 암피온, 그리고 딸들이 현장으로 달려왔다. 아폴론과 아르테미스가 공중에서 그들을 내려다보고 있었다. 니오베 부부의 얼굴색은 잿빛으로 변했다. 딸들은 죽은 형제들의 시신을 끌어안고 울음을 터뜨렸다.

참혹한 광경은 니오베의 마음에 묘한 오기를 불러일으켰다. 니오베는 오만했던 자신의 언사를 반성하기는커녕 도리어 앙칼진 얼굴로 하늘을 올려다보았다. 그녀는 자기 아들들을 죽음으로 내몬 레토 여신을 비난했다. 그래도 아직 자신에게는 일곱 명의 딸이 남아있으니 여전히 자신이 승자라고 외쳤다.

나오베의 말이 끝나기가 무섭게 하늘에서 다시 화살이 날아들었다. 이번에는 아르테미스의 화살이었다. 화살은 니오베 딸들의 심장을 겨누었다. 니오베의 아들들이 그랬던 것처럼 딸들도 하나씩 차례로 쓰러져갔다. 딸들은 살기 위해 이리저리 달아나거나 엄폐물을 찾아 몸을 숨기기도 했다. 그러나 사냥의 여신 아르테미스의 화살을 피할 수는 없었다.

딸들이 쓰러지는 것을 본 니오베는 비로소 정신이 번쩍 들었다. 니오베가 정신을 차렸을 때는 막내딸 하나만 남고 다른 딸들은 모두 목숨을 잃은 후였다. 니오베는 막내딸을 감싸 안고는 하나 남은 아이만은 제발 살려달라고 빌었다. 그러나 아르테미스의 화살은 냉혹했다. 어미의 치마폭 뒤에 숨어 우는 어린 딸의 심장을 기어이 꿰뚫고야 말았다.

마지막 자식마저 쓰러지자 니오베의 남편 암피온은 비통함을 이기지 못하고 자결했다. 니오베는 오열했다. 그녀가 그토록 자랑하던 행복의 원천이 순식간에 사라졌다. 깊이를 헤아릴 수 없는 상실감이 거대한 해일처

니오베 자식들에게 활을 쏘는 아폴론과 아르테미스 , 피에르 샤를 좀베르

럼 그녀를 덮쳐왔다. 동시에 그녀의 몸이 발끝부터 서서히 굳으며 돌로 변하기 시작했다. 온몸이 돌이 된 뒤에도 눈물은 끊이지 않고 계속 흘러내렸다.

이오카스테,
어머니이자 아내가 된 여인의 비극

그리스 신화에는 불행한 인물이 여럿 등장한다. 그렇지만 그 누구보다 불행한 사람을 꼽으라면 아마도 오이디푸스를 꼽을 수 있을 것이다.

오이디푸스는 테바이 왕 라이오스와 왕비 이오카스테의 아들이다. 라이오스와 이오카스테 사이에는 오랫동안 자식이 생기지 않았다. 왕은 그 이유가 궁금해서 신탁을 물었다. 신탁은 무시무시했다. 머지않아 아들을 얻게 되겠지만 그 아들의 손에 죽을 것이란 예고였다. 실제로 얼마 뒤 이오카스테가 잉태를 하고 아들을 낳았다. 그가 바로 오이디푸스다.

신탁의 내용이 마음에 걸린 라이오스 왕은 신하에게 갓 태어난 아들을 죽이라고 시켰다. 이오카스테는 남편을 위해 제 손으로 자식을 내어주었다. 그런데 신하는 아기를 차마 죽이지 못했다. 대신 다시 돌아올 수 없게끔 발목에 구멍을 내고 쇠사슬로 묶어서 키타이론 산에 내다버렸다. 다행히 아기는 한 목동에게 구조되어 코린토스 왕국의 왕 폴리보스의 양자로 들어갔다.

폴리보스 왕 부부는 아기에게 오이디푸스라는 이름을 지어주고 코린토스의 왕자로 정성껏 키웠다. 그대로 성장했다면 비극으로 시작된 오이디푸스의 삶이 해피엔딩으로 끝났을지도 모른다. 그러나 운명은 그를 놓아주지 않았다. 청년이 된 오이디푸스는 주변인과 다투다가 자신이 주워온 아이라는 소리를 듣게 됐다. 오이디푸스는 그 길로 부모에게 달려가 자신이 친자식이 맞느냐고 물었다. 폴리보스 왕 부부는 헛소문을 퍼뜨리고 다니는 자를 용서하지 않겠다며 오이디푸스를 안심시켰다.

하지만 그날 이후 오이디푸스는 자신의 정체성에 대한 의문을 가지게 됐다. 한동안 방황하던 오이디푸스는 델포이 신전을 찾아갔다. 자신이 누구인지를 묻는 오이디푸스의 질문에 신탁은 도무지 알 수 없는 답변을 내놓았다. 그가 자신의 아버지를 죽이고 어머니와 결혼을 하게 되리라는 내용이었다. 오이디푸스는 더욱 혼란스러워졌다. 어쨌든 그는 끔찍한 신탁이 실현되는 것을 피하기 위해 부모가 있는 코린토스로 돌아가지 않기로 했다.

무거운 마음으로 신전을 나온 오이디푸스는 좁은 길에서 한 대의 마차와 맞닥뜨렸다. 누가 먼저 지나가느냐를 두고 오이디푸스와 마부 사이에 시비가 붙었다. 시비는 폭력으로 이어졌다. 울분을 토해낼 데가 필요하던 오이디푸스는 홧김에 마부와 마차에 탄 사람들을 죽였다. 오직 한 사람만이 구사일생으로 살아남아 도망쳤다. 마차에 타고 있다 죽은 사람은 오이디푸스의 생부 라이오스 왕이었다. 아버지를 죽일 것이라는 델포이 신탁이 실현되는 순간이었다. 하지만 오이디푸스는 그러한 사실을 전혀 알지 못했다.

방랑길에 오른 오이디푸스는 이곳저곳을 거쳐 테바이로 갔다. 당시 테바이는 스핑크스에 대한 공포로 민심이 흉흉했다. 스핑크스는 여자의 얼굴과 사자의 몸, 독수리의 날개를 가진 괴물이었다. 이 괴물은 지나가는 사람을 붙잡아서 수수께끼를 내고는 답을 맞히지 못하는 사람들을 산 채로 먹어치웠다. 오랜 기간 수수께끼를 푸는 사람은 나타나지 않고 희생자만 날로 늘어갔다.

테바이는 갑작스레 죽은 라이오스 왕을 대신해 임시로 크레온이 통치하고 있었다. 크레온은 스핑크스를 퇴치하는 사람을 왕으로 추대하겠다고 포고했다. 때마침 오이디푸스가 스핑크스가 있는 곳을 지나쳤다. 스핑크스는 오이디푸스를 잡아놓고 수수께끼를 냈다. 스핑크스가 낸 수수께끼는 "처음에는 발이 네 개였는데, 얼마 뒤 두 개가 되었다가 마지막에는 세 개가 되는 것은 무엇일까?"라는 것이었다. 오이디푸스는 "사람"이라고 대답했다. 정답이었다. 오이디푸스가 너무 쉽게 답을 맞히자 스핑크스는 절벽 위에서 몸을 던져 죽어버렸다.

테바이에 평온이 찾아왔고, 오이디푸스는 왕으로 추대되었다. 왕위에 오른 오이디푸스는 선왕 라이오스의 부인이었던 이오카스테와 결혼했다. 이로써 아버지를 죽이고 어머니와 결혼한다는 델포이의 신탁이 완성됐다. 오이디푸스와 이오카스테는 그러한 사실을 꿈에도 몰랐다.

때로는 진실을 모르는 채 살아가는 것이 더 나을 때가 있다. 하지만 영원한 비밀이란 없다. 오이디푸스와 이오카스테도 머지않아 진실과 마주하게

오이디푸스와 스핑크스, 귀스타프 모로

된다.

　원인을 알 수 없는 전염병이 돌기 시작하면서 테바이가 다시 공포에 빠졌다. 오이디푸스는 전염병의 원인과 퇴치 방법을 알아내기 위해 크레온을 델포이 신전에 보내 신탁을 받아오라고 했다. 크레온은 선왕 라이오스를 죽인 자를 찾아서 피의 복수를 하라는 신탁을 받아왔다. 오이디푸스는 선왕 살해범을 찾기 시작했다. 파국은 그렇게 이오카스테와 오이디푸스 모자를 향해 성큼 다가오고 있었다.

　백방으로 찾아봤지만 라이오스 살해범에 대한 단서는 좀처럼 찾을 수 없었다. 그러자 크레온은 예언자 테이레시아스를 불러 물어보자고 권했다. 신의 대리인이라 불리는 테이레시아스라면 분명 살인범을 알 것이라고 했다. 오이디푸스는 테이레시아스를 불렀으나 두 차례나 거절당하자 강제로 테이레시아스를 소환했다.

　오이디푸스는 테이레시아스에게 선왕 라이오스의 살해범이 누구냐고 물었다. 테이레시아스는 답변을 거부했다. 오이디푸스는 거듭 물었다. 하지만 테이레시아스는 자신은 결코 진실을 말할 수 없으니 집으로 돌려보내 달라고 했다. 여러 차례 부탁했음에도 테이레시아스가 완강하게 답변을 거부하자 오이디푸스는 화가 머리끝까지 치밀었다. 흥분한 오이디푸스는 테이레시아스를 범인으로 지목했다. 진실을 알고도 말을 하지 않는 것은 곧 자신이 범인이기 때문이라고 몰아세웠다.

　테이레시아스는 몹시 불쾌했다. 인내심마저 바닥난 그는 오이디푸스에게 진실을 말했다. 선왕 라이오스의 살해범은 다름 아닌 오이디푸스 자신이라는 무서운 사실을 폭로했다. 그 말을 듣고 오이디푸스가 길길이 날뛰었다. 극도로 흥분해서는 자신의 왕위를 노린 크레온이 테이레시아스와 짜고 음모를 꾸민 것이라고 소리쳤다. 졸지에 반역자가 된 크레온이 억울함을 호소했다. 크레온과 오이디푸스 사이에 한참 설전이 오갔다.

그때 왕비 이오카스테가 등장했다. 이오카스테는 흥분한 두 사람을 진정시킨 뒤 오빠 크레온을 일단 돌려보냈다. 그리고는 오이디푸스에게 선왕 라이오스의 죽음에 얽힌 옛이야기를 들려주었다. 어렵게 아들을 보았으나 그 아들에게 죽임을 당할 것이란 신탁을 받았던 일, 신탁의 저주를 피하기 위해 아들을 죽이기로 작정하고 내버렸던 일, 스핑크스를 퇴치하기 위해 델포이 신전으로 가던 중 좁은 갈림길에서 만난 강도에게 살해당한 일. 왕의 일행 중 오직 한 사람만이 구사일생으로 살아남은 일들을 차근차근 말해주었다.

라이오스 왕이 살해된 장소를 들은 오이디푸스의 표정이 어두워졌다. 그는 이오카스테에게 그때가 언제인지, 당시 왕을 수행하던 인원은 몇 명이었는지, 왕은 어떻게 생겼는지를 자세히 캐물었다. 이오카스테의 대답을 들은 오이디푸스는 떨리는 음성으로 자신의 과거를 이야기했다. 델포이 신전에서 아버지를 죽이고 어머니와 결혼할 것이란 신탁을 들었던 일, 신탁이 실현되지 않게 하기 위해 코린토스로 돌아가지 않기로 결심한 일, 좁은 갈림길에서 한 대의 마차와 마주쳐 시비가 붙은 일, 시비 끝에 마차에 탄 일행을 죽여 버린 일……. 그 시기는 라이오스 왕이 살해당한 때와 비슷했다. 퍼즐이 하나하나 맞춰져 갔다.

이오카스테는 불안해하는 오이디푸스를 안심시켰다. 당시 생존자의 증언에 따르면 라이오스 왕 일행을 습격한 이는 한 사람이 아닌 여러 명의 강도들이었다고 했다. 그러니 오이디푸스가 범인일 리 없다는 얘기였다. 그렇지만 이오카스테의 마음에도 불안이 싹트기 시작했다.

얼마 뒤 코린토스에서 사신이 찾아왔다. 사신은 오이디푸스에게 폴리보스 왕이 승하하셨으니 코린토스로 돌아가 왕위를 이으라고 했다. 오이디푸스는 자신이 아버지를 죽인다는 신탁이 빗나갔음에 안도했으나 코린토스로 돌아갈 수 없었다. 어머니를 아내로 삼게 될 것이란 신탁이 아직 남아있었기 때문이다. 오이디푸스가 코린토스로 가지 않으려고 하는 이유를 들은 사신은 아주 오래된 비밀을 털어놓았다. 그것은 오이디푸스가 폴리보스 왕의 친자식이 아니라는 사실이었다. 그 사신이 바로 카타이론 산에서 오이디푸스를 구한 사람이었던 것이다.

코린토스 사신의 이야기를 들은 이오카스테는 불길한 예감에 휩싸였다. 진실을 밝히려는 오이디푸스와 달리 이오카스테는 진실을 묻어두고 싶었다. 하지만 오이디푸스는 먼 옛날 라이오스 왕으로부터 갓난아기를 죽이라는 명을 받은 신하와 농부를 불러들여 추궁했다. 결국 오이디푸스의 출생과 버림받은 과정을 포함해 모든 진실이 밝혀졌다. 차라리 모른 채 살아가는 게 더 나았을 진실, 아들이 아버지를 죽이고 어머니와 결혼한 비극은 그렇게 만천하에 드러났다.

이오카스테는 제정신으로 살아갈 수 없었다. 슬픔과 절망감과 수치심으로 괴로워하다가 끝내 스스로 목숨을 끊었다. 그녀는 고귀한 신분으로 태어나 고귀한 인생을 산 듯했으나 그 삶은 고귀한 행복과는 거리가 있었다. 아버지를 죽일 운명을 타고난 아들을 제 손으로 죽음으로 몰아넣었지만, 그 아들은 죽지 않고 돌아와 남편이 되었다. 비극을 피하려다 더 큰 비극을 맞이한 것이다. 어머니이자 아내가 된 여인, 참으로 기구한 운명이었다.

　오이디푸스는 어머니이자 아내인 이오카스테의 죽음을 직접 목격했다. 그는 이오카스테의 시신 앞에서 통곡하다가 스스로 제 눈을 찔렀다. 알아보았어야 할 사람을 알아보지 못하고 연거푸 패륜을 저지른 자기 자신에 대한 벌이었다. 오이디푸스는 왕위를 내놓고 테바이를 떠나 아테네 왕국으로 갔다. 아테네 왕 테세우스는 불운한 오이디푸스를 가엽게 여기고 따뜻하게 맞아주었다. 오이디푸스는 그곳에서 남은 생을 마감했다. 너무나도 가슴 저미는 삶의 여정이 그렇게 끝이 났다.

안티고네,
목숨보다 소중한 혈육의 정

모자이자 부부 관계였던 오이디푸스와 이오카스테 사이에는 자식이 넷 있었다. 쌍둥이 아들 에테오클레스와 폴리네이케스, 딸 안티고네와 이스메네가 그들이다.

스스로 눈을 찔러 장님이 된 오이디푸스가 왕위를 버리고 테바이를 떠날 때 딸 안티고네가 그를 따라 나섰다. 두 사람은 아테네 왕 테세우스의 환대를 받으며 콜로노스에 정착했다. 그곳에서 안티고네는 영혼과 육신이 피폐해진 아버지를 정성껏 보살폈다.

한편, 테바이에서는 오이디푸스의 두 아들 에테오클레스와 폴리네이케스가 한 해씩 돌아가며 왕위를 맡기로 했다. 먼저 에테오클레스가 왕위를 맡았다. 그러나 그는 한 해가 지났지만 폴리네이케스에게 왕위를 넘기려 하지 않았다. 이에 불만을 품고 폴리네이케스가 테바이를 떠났다. 아르고스 왕국으로 간 폴리네이케스는 아드라토스 왕의 사위가 되었다. 그는 자신의 왕권을 되찾기 위해 함께 테바이를 침공할 아르고스의 장수들을 규합했다.

그 무렵 오이디푸스가 남은 생을 다했다. 안티고네는 정성껏 아버지의 장례를 치르고 고향 테바이로 돌아갔다. 테바이에 간 안티고네는 두 오빠 사이의 갈등을 어떻게든 풀어보려 했다. 하지만 이미 벌어질 대로 벌어진 틈은 다시 메울 수 없었다. 폴리네이케스는 일곱 명의 아르고스 장수와 함께 군대를 이끌고 테바이를 침공했다. 전쟁은 테바이의 승리로 끝났지만, 전투 중에 폴리네이케스와 에테오클레스는 서로를 찔러 죽였다.

왕위 계승자가 모두 죽고 없어지자 테바이의 왕좌는 죽은 왕비 이오카스테의 오빠 크레온에게 돌아갔다. 크레온은 죽은 쌍둥이 중 에테오클레스의 시신만 수습하여 장례를 치렀다. 반면에 폴리네이케스의 시신은 누구도 수습하지 말라는 포고령을 내렸다. 조국을 배신한 반역자의 시신이므로 들짐승들이 뜯어먹도록 내버려두라는 것이었다.

쌍둥이 형제의 여동생 안티고네는 오빠 폴리네이케스의 시신을 그냥 버려둘 수 없었다. 비록 반역자일지라도 혈육이었다. 혈육의 시신을 묻고 장례를 치르는 것은 신이 정한 불문율이자 가족의 도리라고 안티고네는 믿었다. 안티고네는 이스메네에게 함께 오빠의 시신을 수습하여 장례를 치르자고 했다. 이스메네는 따르지 않았다. 왕의 포고령을 어기면 죽음을 면치 못할 것이라며 도리어 안티고네에게 계획을 포기하라고 타일렀다. 하지만 죽음에 대한 공포도 안티고네의 결심을 꺾지 못했다. 안티고네는 홀로 벌판에 버려진 오빠의 시신을 거두어 장례를 치렀다.

크레온 왕은 안티고네가 폴리네이케스의 장례를 치른 것을 알고 몹시 당황했다. 어부지리로 왕위를 차지하게 된 크레온으로서는 안티고네의 행위를 결코 묵과할 수 없었다. 그는 안티고네를 왕이 세운 법을 어긴 반역자

폴리네이케스의 시신을 수습하는 안티고네, 세바스티앙 노블린

로 몰았다. 불완전한 자신의 입지를 다지기 위해서라도 백성들에게 본보기가 필요했기 때문이다.

그렇지만 크레온은 안티고네를 죽이는 것만은 피하고 싶었다. 그에게 있어 안티고네는 안타깝게 죽은 누이의 혈육이었으며, 아들 하이몬의 약혼녀였다. 그는 안티고네가 왕명을 어기고 오라비의 장례를 치른 행동을 사죄하면 모든 것을 눈감아주리라 마음먹었다. 그러나 안티고네는 자신이 한 일이 옳다는 믿음을 버리지 않았다. 회유도 협박도 통하지 않았다. 안티고네가 굴복하지 않자 크레온은 분노했다. 결국 그는 안티고네에게 사형을 선고하고 동굴 속에 가두었다.

안티고네가 갇혔다는 소식을 듣고 하이몬이 아버지 크레온을 찾아가 선처를 호소했다. 하이몬과 안티고네는 서로 깊이 사랑하는 사이였다. 예언자 테이레시아스도 안티고네를 처형해서는 안 된다고 충고했다. 가족의 시신을 거둔 죄로 처형하는 것은 명분이 부족할 뿐 아니라 신의 섭리를 거스르는 것이라고 간언했다. 하지만 안티고네를 구명하려는 노력은 크레온의 심기를 더욱 불편하게 할 뿐이었다. 테이레시아스는 자신의 충고를 받아들이지 않는 크레온을 향해 마지막 경고를 했다. 안티고네를 죽게 한다면 그의 집안에 더 큰 비극이 일어날 것이라고. 이 경고를 마지막으로, 테이레시아스는 왕궁을 떠났다.

안티고네는 자신의 목숨을 크레온에게 맡기지 않았다. 그녀는 동굴에 갇혀 무기력하게 죽음을 기다리기보다는 스스로 목숨을 끊는 길을 택했다.

안티고네가 죽었다는 소리를 듣고 약혼자 하이몬이 한달음에 달려갔다. 그는 안티고네의 주검을 안고 오열했다. 크레온도 안티고네의 소식을 듣고 동굴로 갔다. 하이몬은 분노와 원망이 뒤섞인 눈빛으로 아버지 크레온을 노려보고는 칼집에서 칼을 빼들었다. 그러고는 크레온이 미처 말릴 새도 없이 칼을 자기 배에 찔러 넣었다.

비극은 거기서 끝나지 않았다. 아들 하이몬의 죽음을 전해들은 왕비 에우리디케도 비탄에 빠져 자살했다. 왕비는 죽으면서 자신의 권위를 세우기 위해 아들을 죽음으로 내몬 남편을 저주했다. 크레온은 뒤늦게 후회했으나 이미 돌이킬 수 없었다. 오이디푸스가 그랬듯 크레온 역시 깊은 회한을 안고 테바이를 떠났다.

우리는 흔히 착하고 선량하고 경건한 사람은 모진 풍파를 겪더라도 결국에는 보답을 받는다고 믿는다. 그런데 안타깝게도 안티고네의 경우는 그렇지 못했다. 그녀는 누구보다 어질고 효심과 가족애가 깊었지만, 슬프게 생을 마감했다. 그렇지만 혈육의 정은 국법이나 왕의 명령도 거스를 수 없는 것임을 죽음으로 보여줬다.

이피게네이아,
대의를 위해 희생을 감수한 총사령관의 딸

미케네 왕 아트레우스는 일찍이 아르테미스 여신에게 미움을 산 일이 있다. 가장 아름다운 짐승을 제물로 올리겠다고 해놓고서는 지키지 않았기 때문이다. 이어 아트레우스의 아들 아가멤논이 사냥을 나갔다가 아르테미스 여신의 사슴을 쏘아 죽이는 사건이 발생했다. 게다가 아가멤논은 수렵의 여신 아르테미스도 자신만큼 사냥을 잘하지는 못할 것이라는 망언까지 했다. 이 일로 아가멤논 집안에 대한 아르테미스 여신의 분노가 더욱 커졌다.

스파르타 왕 메넬라오스는 자신의 아내 헬레네가 파리스와 금지된 사랑에 빠져 트로이로 가버리자 분노했다. 그는 그리스의 많은 도시국가를 설득해 연합군을 결성하고 트로이를 공격하기로 했다. 연합군의 총사령관은 메넬라오스의 형인 미케네 왕 아가멤논이 맡았다.

각각의 도시국가에서 파견된 군대가 트로이로 출항하기 위해 아울리스 항으로 모여들었다. 마침내 연합군이 모두 집결하고 출항만을 남겨두었다. 그런데 웬일인지 계속 강한 역풍이 불어 배를 띄울 수 없었다.

출항할 수 없는 상황이 오랫동안 지속되자 그리스군은 예언자 칼카스를 통해 신탁을 구했다. 칼카스는 총사령관 아가멤논 부자가 저지른 불경 때문에 아르테미스 여신이 분노하여 역풍을 일으킨 것이라고 진단했다. 그러므로 아가멤논의 딸 이피게네이아를 제물로 바쳐야 여신의 분노가 풀릴 것이라는 신탁을 내놓았다.

당혹스러운 이야기이긴 했지만, 아가멤논은 딸을 희생시키기로 했다. 어쩔 수 없는 선택이었다. 자신이 저지른 과오로 인해 벌어진 일이었으므로 자신이 해결해야 했다. 게다가 그 자신이 연합군의 총사령관이라는 직책을 맡고 있었다. 책임을 회피할 방법은 없었다.

하지만 아가멤논은 아내 클리타임네스트라가 자신의 결정을 결코 받아들이지 않을 것임을 알고 있었다. 고심하는 아가멤논을 대신해서 꾀 많은 오디세우스가 나섰다. 오디세우스는 곧장 미케네로 가서 클리타임네스트라를 만나 남편 아가멤논이 이피게네이아를 아킬레우스와 결혼시키기로 했다고 말했다. 그러니 이피게네이아를 아울리스로 보내라고 일렀다. 물론 그것은 완전한 거짓말이었다.

그렇지만 클리타임네스트라는 오디세우스의 말을 듣고 무척 기뻐했다. 아킬레우스가 누구인가. 그리스 연합군의 최고 영웅으로 꼽히는 젊은 청년이었다. 그는 프티아 왕국의 왕 펠레우스와 바다의 여신 테티스 사이에서 난 아들이었다. 일찍이 신들의 왕 제우스와 바다의 신 포세이돈도 테티스 여신을 아내로 맞고 싶어 했다. 그렇지만 테티스 여신이 낳을 아들이 아버지를 능가할 것이라는 예언을 듣고 포기했다. 테티스 여신은 아들을 끔찍이도 사랑했기에 불사의 몸으로 만들고자 했다. 이를 위해 아킬레우스의 몸을 스틱스 강물에 담갔다가 꺼냈다. 아킬레우스는 수많은 영웅들을 가르친 케이론으로부터 궁술을 비롯한 무술을 배웠다. 덕분에 그 누구보다 뛰어난 전투력을 갖추고 있었다. '아킬레우스가 있어야지만 그리스가 트로이 전쟁에서 승리할 수 있다'는 말이 나올 정도였다. 여기에다 준수한 외모까지 갖춘 훌륭한 신랑감이기도 했다. 그러니 클레타임네스트라가 자기 딸과 아킬레우스의 결혼을 마다할 이유가 없었다. 클리타임네스트라는 이피게네이아와 함께 조금도 망설이지 않고 아울리스로 달려갔다.

클리타임네스트라와 이피게네이아는 아울리스에 도착하자마자 자신들이 속았음을 깨달았다. 이피게네이아를 기다리고 있는 것은 행복한 결혼식이 아니라 산 채로 제물로 바쳐지는 끔찍한 운명이었다. 사방에 그리스 군대가 쫙 깔린 그곳에서 이피게네이아는 죽음을 거부할 수도, 죽음을 피해 달아날 수도 없었다.

클리타임네스트라는 딸을 희생 제물로 바치기 위해 거짓말로 유인한 남편에게 비난을 퍼부었다. 이피게네이아는 아버지의 무릎을 붙들고 살려달라고 애원했다. 빼앗긴 아내를 되찾겠다는 명분을 내세워 전쟁을 일으킨 메넬라오스는 애원하는 조카를 보며 측은한 마음이 들었다. 고심 끝에 그는 형 아가멤논에게 전쟁을 포기하고 원정대를 해산시키자고 했다.

아가멤논이라고 가슴 아프지 않을 리 없었다. 이피게네이아는 아가멤논이 가장 사랑하는 딸이었다. 딸에 대한 사랑과 그리스군 총사령관으로서의 책임감 사이에서 아가멤논은 극심한 갈등을 겪었다. 아가멤논이 딸의 간청을 쉽게 받아들이지 못하는 데에는 또 다른 이유도 있었다. 아울리스에 집결해 있는 그리스군은 이미 오랜 시간 출항을 기다려왔다. 그들은 신탁의 내용을 알고 있었다. 신탁을 이행하기 위해 이피게네이아가 아울리스에 왔다는 사실 또한 알고 있었다. 아가멤논이 부녀의 정에 얽매여 신탁을 묵살하는 것을 그들은 용인하지 않을 게 분명했다. 최악의 경우 그들은 아가멤논과 그 가족을 모두 죽이고 이피게네이아를 제물로 바침으로써 신탁을 완성할 수도 있었다. 아가멤논은 이러한 상황을 이피게네이아에게 설명했다. 그녀를 너무도 사랑하지만 구원할 수도 없는 자신의 난처한 처지를 하소연했다.

아가멤논의 말은 이피게네이아의 마음을 움직였다. 이피게네이아는 아버지의 마음을 이해할 수 있을 것 같았다. 그녀는 결국 죽음을 받아들이기로 결심했다. 여전히 많은 사람들이 그녀의 희생을 막으려 했지만, 그녀는 자신의 결심을 되돌리지 않았다.

의식이 치러지는 날 이피게네이아는 스스로 제단 앞으로 걸어갔다. 어린 동생 오레스테스를 포옹하고, 아버지에게 마지막 인사를 건네고 제단으로 향했다. 이피게네이아의 모습은 참으로 의연했다. 그녀는 어머니 클리타임네스트라에게 자신의 죽음을 슬퍼하지도, 아버지를 미워하지도 말라는 마지막 말을 남겼다. 그러고는 제단에서 머리에 화관을 쓰고 죽음의 칼을 받았다.

칼날이 이피게네이아의 몸을 가르기 직전에 아르테미스 여신은 아무도 모르게 이피게네이아와 사슴을 뒤바꾸었다. 구약성서 창세기에서 아브라함이 하느님의 명에 따라 자신의 아들 이삭을 제물로 바치려는 순간 하느님이 이삭과 사슴을 바꿔치기한 것과 비슷한 장면이다. 여신은 이피게네이아를 타우리스에 있는 자기 신전의 사제로 삼았다.

이피게네이아는 아르테미스 여신에게 구출됐지만, 그녀의 집안은 비극적 파국을 맞았다. 어머니 클리타임네스트라는 아버지를 원망하지 말라던 이피게네이아의 당부를 어기고 아가멤논에게 깊은 원한을 품었다. 클리타임네스트라는 장장 십 년간 복수의 칼을 간 끝에 트로이 전쟁에서 승리하고 돌아온 아가멤논을 무참하게 살해했다.

비극은 거기서 끝나지 않았다. 아들 오레스테스와 딸 엘렉트라가 아버지를 죽인 어머니 클리타임네스트라를 살해한 것이다. 두 사람은 부모를 살해한 죄로 미케네에서 추방됐다.

오레스테스는 복수의 여신들에게 쫓겨 도망다녔다. 그는 도피행각 중에 "누이를 그리스로 데려오면 복수의 여신들의 저주가 풀릴 것"이라는 아폴론 신의 신탁을 받았다. 오레스테스는 사촌 필라데스와 함께 아르테미스 여신의 신전이 있는 타우리스로 갔다. 그곳에서 두 사람은 아르테미스 여신상을 훔쳐 그리스로 가지고 가려다가 붙잡혔다.

당시 타우리스에는 신원 미상의 이방인을 아르테미스 신전에 제물로 바치는 풍습이 있었다. 붙잡힌 오레스테스도 제물로 바쳐질 처지가 됐다. 바로 그때 이피게네이아와 오레스테스의 재회가 이루어졌다. 남매는 처음에는 서로를 알아보지 못했다. 이피게네이아는 두 이방인이 미케네 출신이라는 것을 알고는 그들에게 고향과 자기 집안 소식을 물어보았다. 여러 이야기를 주고받은 뒤 그들은 서로를 알아보았다.

이피게네이아는 아르테미스 신전의 사제로서 인간을 제물로 바치는 일을 맡아 하고 있었다. 그렇지만 그녀는 인신공양이라는 풍습을 야만적이라 여기며 줄곧 반대해왔다. 더욱이 이번에 제물로 바쳐질 사람이 동생임을 알게 되자 잠자코 있을 수 없었다. 그녀는 타우리스 왕 토아스를 찾아가 인

간을 제물로 바치는 잔인한 풍습을 없애달라고 간절히 호소했다. 그러나 왕은 거부했다. 동생이 제물이 되는 것을 두고 볼 수 없었던 이피게네이아도 물러설 수 없었다. 그녀는 치밀한 계책을 세워 토아스 왕을 속이고 오레스테스와 함께 타우리스를 탈출했다. 이로써 아가멤논 집안의 피로 얼룩진 비극도 일단락되었다.

독일의 대문호 괴테가 쓴《타우리스의 이피게네이아》에서는 이피게네이아가 토아스 왕을 설득하여 동생을 데리고 평화롭게 타우리스를 떠나는 것으로 그려져 있다.

제물로 끌려온 오레스테스와 필라데스를 만난 이피게네이아,
벤자민 웨스트

클리타임네스트라,
꼬리에 꼬리를 문 복수극의 희생자

클리타임네스트라는 스파르타의 왕 틴다레오스와 레다 사이에서 태어난 딸로, 트로이 전쟁의 원인이 된 헬레네와 자매지간이다. 틴다레오스 왕은 삼촌인 티에스테스에게 아버지를 잃고 추방된 미케네의 왕자 둘을 받아들이고 후원해주었다. 왕은 그들과 자기 두 딸을 결혼시켰다. 클리타임네스트라는 아가멤논과, 헬레네는 메넬라오스와 부부가 되었다.

그런데 클리타임네스트라와 아가멤논의 결혼에는 문제가 있었다. 아가멤논과 결혼하기 전 클리타임네스트라는 이미 결혼하여 아이까지 둔 몸이었다. 그 상대는 다름 아닌 아가멤논의 원수인 티에스테스의 아들 탄탈로스였다. 아가멤논은 클리타임네스트라의 눈앞에서 원수의 아들과 그 자식을 죽였다. 얼마 후에는 장인 틴다레오스의 지원을 받아 미케네로 돌아갔다. 그곳에서 그는 삼촌 티에스테스마저 죽이고 왕위를 되찾았다.

아가멤논과 결혼한 클리타임네스트라는 네 명의 아이를 낳고 별 문제 없이 잘 지내는 듯 보였다. 그러던 어느 날 아가멤논의 동생 메넬라오스의 부인이자 클리타임네스트라의 자매인 헬레네가 트로이 왕자 파리스와 눈이 맞아 트로이로 함께 가버리는 사건이 일어났다. 이 일로 그리스 도시국가 연합과 트로이 사이에 전쟁이 벌어졌다. 클리타임네스트라의 남편 아가멤논은 그리스 연합군의 총사령관이 되어 트로이로 원정을 떠났다.

클리타임네스트라는 트로이 전쟁이 치러진 십 년 동안 남편이 돌아오기를 기다렸다. 마침내 전쟁이 끝나고 아가멤논이 자신의 왕국인 미케네로 돌아온 날 그녀는 성대한 환영식을 열어 남편을 맞이했다. 긴긴 기다림에서 해방되었다며 아가멤논에게 기쁨과 감격의 말들을 속삭였다.

하지만 그것은 개선한 아가멤논을 안심시키기 위한 사탕발림이었다. 사실 클리타임네스트라는 오래전부터 남편을 없애리라 마음먹고 있었다. 집에 도착한 아가멤논은 몸을 씻으려고 모든 무장을 풀고 욕실로 들어갔다. 클리타임네스트라는 그 절호의 기회를 놓치지 않았다. 그녀는 자신의 정부인 아이기스토스와 함께 도끼를 휘둘러 잔인하게 남편을 살해했다. 길고도 치열했던 전쟁을 승리로 이끌고 위풍당당하게 돌아온 개선장군 아가멤논은 그렇게 허망하게 죽음을 맞이했다.

클리타임네스트라가 남편을 살해한 표면적인 이유는 그가 딸 이피게네이아를 희생시켰다는 것이었다. 트로이 전쟁이 발발했을 때 그리스 연합군을 싣고 트로이로 출발할 배를 띄우려는데 바람이 불지 않았다. 예언자는 총사령관 아가멤논의 딸 이피게네이아를 제물로 바쳐야만 배를 띄울 수 있다고 했다. 아가멤논은 딸 이피게네이아를 아킬레우스와 결혼시키겠다며 연합군이 대기하고 있는 아울리스로 불러들였다. 이피게네이아는 어머니 클리타임네스트라와 함께 설레는 맘으로 연합군의 진중으로 갔다. 그리고 그곳에서 신부가 아닌 제물이 되었다.

복수를 끝낸 클리타임네스트라, 존 콜리어

이 일로 클리타임네스트라는 원한을 품게 됐다. 그녀는 반드시 남편의 목숨을 거둬 딸의 복수를 하겠다고 마음먹었다. 그리하여 마침내 아가멤논이 개선장군이 되어 돌아온 바로 그날, 무자비하게 피의 복수를 한 것이다. 이런 복수의 행위만큼은 순수한 어머니의 마음이었을지도 모른다. 하지만 그것이 다는 아니었다.

클리타임네스트라는 아가멤논이 트로이에서 전쟁을 치르는 십여 년간 아가멤논의 사촌인 아이기스토스와 부적절한 관계를 맺어왔다. 아가멤논을 살해할 때에도 아이기스토스와 공모했다. 이 사실은 장차 벌어질 더 큰 비극을 불러오는 이유가 됐다.

클리타임네스트라와 아가멤논 사이에는 죽은 이피게네이아 외에도 자식이 셋 더 있었다. 아들 오레스테스와 딸 엘렉트라, 크리소테미스가 그들이다. 그중 오레스테스와 엘렉트라는 아버지의 부재를 틈타 부정한 일을 벌인 어머니가 아버지를 살해한 것을 용서할 수 없었다. 아버지의 복수를 다짐한 남매는 오랜 세월을 준비한 끝에 기어이 어머니 클리타임네스트라를 죽이고야 만다. 복수극이 피를 나눈 가족들 사이에서 꼬리에 꼬리를 물고 일어난 것이다. 죄업이 죄업을 낳은 셈이다. 이는 인류 최초의 패륜살인 사건이라고 할 수 있다.

죽음의 순간에 클리타임네스트라는 아들을 붙잡고 살려달라며 애원했다. 그러나 복수심에 사로잡힌 오레스테스는 매정했다. 그는 "죽여서는 안 될 사람을 죽였으니 그 대가로 고통을 받으라"며 어머니의 손을 차갑게 뿌리쳤다. 그러고는 누이 엘렉트라와 함께 조금의 망설임도 없이 어머니의 심장에 칼을 꽂았다. 남매는 죽은 어머니를 "이 여인"이라 부르면서 아버지가 없던 시절 저질러진 행위에 대해 맹렬히 비난했다. 그렇게라도 어머니를 살해하는 자신들의 행동을 정당화하고 싶었던 것이다.

그러나 어머니를 죽인다는 것은 그 어떤 논리로도 정당화할 수 없다. 로마의 네로 황제같은 폭군이나 저지를 수 있는 패륜이다. 시간이 흐름에 따라 남매는 차츰 쓰라린 마음에 잠겨들었다. 그럴수록 그들은 세상을 향해 이렇게 항변했다. "죽어 마땅한 여인이었다." "아폴론 신의 신탁에 따른 행동이었다." 그러나 스스로를 정당화하려는 노력은 무의미했다. 남매는 죄의식에 시달리기 시작했다. 피눈물을 흘리고 머리카락 사이사이로 뱀이 꿈틀거리는 모습을 한 여인들이 오레스테스의 눈에 보였다. 살인자들을 쫓아다니며 저주와 단죄를 하는 복수의 여신들이었다.

주변 사람들은 불안에 떠는 오레스테스를 위로하고 격려했다. 그렇지만 공포에 휩싸인 그에게는 아무런 말도 들리지 않았다. 어머니와 신들에게 용서받는 것 이외에는 이들이 위로받을 길이 달리 없었다. 결국 오레스테스는 옷으로 어머니의 몸을 덮어주었다. 이윽고 남매의 눈에서는 깊은 회한의 눈물이 터져 나왔다. 하지만 모친을 살해한 행위는 쉽게 용서받을 수 있는 일이 아니다. 남매는 죄에 대한 대가를 치러야 했다. 오레스테스는 고향에서 추방됐다.

복수의 여신들은 집요했다. 추방된 오레스테스를 계속 뒤쫓으며 죄를 추궁했다. 공포에 질려 반미치광이가 된 오레스테스는 아테네의 최고법정 아레오파고스에서 재판을 받는다. 아폴론 신은 오레스테스를 변호하고 복수의 여신들은 오레스테스의 유죄를 주장했다. 재판정에 함께 있던 올림포스 신들 사이에서도 갑론을박이 펼쳐졌다. 격렬한 논쟁 끝에 이루어진 투표에서 '무죄' 의견과 '유죄' 의견이 똑같이 나왔다. 가부동수이면 무죄라는 규칙에 따라 오레스테스에게 무죄가 선고됐다.

복수의 여신들은 판결을 수용하려 들지 않았다. 아테나 여신은 격노한 복수의 여신들을 달래며 타협을 시도했다. 관용과 자비를 베푼다면 앞으로 아테네 시민들이 그들을 자비로운 여신으로 기리고 숭배할 것이라며 복수의 여신들을 회유했다. 복수의 여신들이 이를 받아들임으로써 재판은 마무리된다. 아울러 인간 사회에서 혈육에 대한 패륜 범죄는 용서받을 수 없음을 확실히 각인시킨다.

키르케,
미워할 수 없는 마녀

키르케는 그리스 신화에 등장하는 대표적인 마녀다. 마녀 키르케는 원래 태양의 신 헬리오스와 바다의 요정 페르세이스 사이에서 태어난 요정이다. 헬리오스와 페르세이스는 키르케 외에도 콜키스 왕 아이에테스, 크레타 왕비 파시파에를 자식으로 두었다. 황금양털을 찾으러 콜키스 왕국에 간 이아손에게 반해 아버지 아이에테스 왕을 배신하고 동생을 잔인하게 살해한 메데이아가 바로 키르케의 조카다.

키르케가 요정이 아닌 마녀로 불리게 된 이유는 그녀가 지닌 능력 때문이다. 그녀는 약초를 자유자재로 다루어 못 고치는 병이 없었다. 약초에 주술을 가미하여 신비한 마법까지 행했다. 많은 사람들이 키르케의 약초를 얻으려고 아이아이아 섬을 찾아갔다. 하지만 그들은 대부분 약초를 구하기는커녕 키르케의 마법에 걸려 짐승으로 변했다. 아이아이아 섬에 있는 키르케의 궁전은 사나운 맹수들이 지키고 있는데, 모두 키르케의 마법에 걸려 짐승으로 변한 인간들이었다.

키르케는 사랑의 감정을 적극적으로 표현하는 여성이었다. 한 번은 바다의 신 글라우코스가 키르케를 만나러 아이아이아 섬에 갔다. 글라우코스는 바닷가에서 노닐던 어여쁜 요정 스킬라를 보고 한눈에 사랑에 빠졌지만, 스킬라는 그의 사랑을 받아주지 않았다. 어떻게 해서든 스킬라의 마음을 얻고 싶었던 글라우코스는 키르케에게 사랑의 묘약을 얻으러 갔다.

그런데 사랑의 작대기는 어이없이 꼬였다. 키르케가 글라우코스에게 반해버린 것이다. 키르케는 글라우코스에게 사랑의 묘약을 주는 대신 자신의 사랑을 호소했다. 하지만 스킬라에게 푹 빠진 글라우코스의 마음에는 키르케가 들어갈 자리가 없었다.

사랑을 거부당한 키르케는 분노와 질투심에 사로잡혔다. 그녀는 독초들을 한데 모아 빻은 후 거기에다 저주의 주문을 불어넣었다. 그러고는 그것을 스킬라가 물놀이를 즐기는 시칠리아 섬 해변의 바닷물에 뿌렸다. 얼마 뒤 스킬라가 그곳에 갔다. 여느 때처럼 물놀이를 하러 바닷물에 들어간 스킬라는 소스라치게 놀랐다. 바닷물에 담근 하반신이 괴이하게 변해가는 것이 아닌가. 아름다운 엉덩이와 다리가 사라지고 그 자리엔 개와 흡사한 형상을 한 괴물 여섯 마리가 돋아났다. 여섯 괴물은 뱀처럼 길게 늘어나는 목을 가지고 있었다. 각각의 머리 하나하나마다 그 어떤 맹수가 가진 것보다 날카로운 이빨이 삼중으로 돋아나 있었다. 괴수가 된 스킬라는 시칠리아와 이탈리아 반도 사이의 좁은 해협에 있는 바위에 숨어 살았다. 하반신의 괴물들은 늘 피에 굶주려 있어서 해협을 지나가는 선원들을 닥치는 대로 잡아먹었다.

사랑을 거부당한 키르케가 마법을 써서 상대를 변신시킨 일은 또 있다. 사투르누스 신의 아들로서 숲이나 동산 같은 전원을 관장하는 신이자 라티움의 왕 피쿠스였다. 피쿠스는 눈이 부실 만큼 빛나는 외모에 늠름함까지 갖춘 미남자였다. 라티움의 숲과 물에 사는 모든 요정들이 그를 사랑하여 쫓아다닐 정도였다.

어느 날 키르케가 약초를 캐러 숲에 갔다가 멧돼지 사냥을 나온 피쿠스를 보게 되었다. 라티움의 요정들이 모두 그랬던 것처럼 키르케 역시 피쿠스에게 한눈에 반했다. 키르케는 마법으로 멧돼지 한 마리를 만들어서 피쿠스를 유인했다. 은밀한 곳으로 피쿠스를 끌어들인 키르케는 그에게 자신의 뜨거운 마음을 고백했다.

피쿠스는 키르케의 마음을 단호히 거절했다. 피쿠스에게는 이미 아내가 있었다. 피쿠스의 아내 카넨스는 야누스의 딸로 사랑스런 요정이었다. 그녀는 아름다운 외모만큼이나 눈에 띄는 노래 솜씨로 명성이 자자했다. 그녀가 노래를 부르면 거친 맹수가 온순해지고, 새들이 날갯짓을 멈추고, 흐르는 강물이 멈출 정도였다. 피쿠스는 그런 아내를 무척이나 사랑했다.

피쿠스의 마음을 알고도 키르케는 포기하지 않았다. 집요하게 매달리며 피쿠스의 마음을 돌리려 애를 썼다. 하지만 아내에 대한 피쿠스의 일편단심은 변하지 않았다. 자존심을 내팽개치고 여러 번 애원했지만 피쿠스가 냉정하게 뿌리치자 키르케는 화가 났다. 키르케는 자신이 느끼는 사랑의 아픔을 상대도 똑같이 느끼게 하고 싶었다. 그녀는 주문을 외어 피쿠스를 딱따구리로 만들었다. 새가 된 피쿠스는 사랑하는 아내와 함께 할 수 없다는 것에 숨이 막힐 듯한 고통을 받았다. 피쿠스는 주먹으로 가슴을 치듯 부리로 나무를 찍어댔다. 피쿠스의 아내 카넨스는 돌아오지 않는 남편을 찾아 헤매다 그리움에 지쳐 죽었다.

키르케에 얽힌 가장 유명한 일화는 오디세우스와 관련된 것이다. 오디세우스는 트로이 전쟁에서 승리하고 귀향길에 올랐다. 그렇지만 본국으로 곧장 돌아가지 못하고 10년간 이곳저곳을 떠돌며 생사를 넘나드는 모험을 했다. 그가 떠돈 곳 중 한 곳이 바로 키르케가 사는 아이아이아 섬이다.

앞선 여정에서 이미 많은 수의 동료를 잃은 오디세우스는 아이아이아 섬에 도착했을 때 신중하게 행동했다. 먼저 스무 명가량으로 조직된 탐색대를 보내 섬을 둘러보게 했다. 탐색대원들은 돌로 지은 아름다운 궁전을 발견하고 그리로 들어갔다. 궁전에는 갖가지 약초가 잘 분류되어 바구니에 담겨져 있었다. 눈부시게 아름다운 키르케는 노래를 흥얼거리며 베를 짜고 있었다.

키르케는 궁전을 찾아온 탐색대원들을 상냥하게 맞으며 음료를 대접했다. 음료를 마신 탐색대원들은 모두 돼지로 변했다. 그들 가운데 단 한 사람 에우릴로코스는 돼지로 변하지 않았다. 낌새가 이상해서 몸을 숨기고 상황을 지켜보았기 때문이다. 동료들이 돼지로 변하는 것을 본 그는 즉시 그 자리를 빠져나와 해안에서 기다리고 있는 오디세우스에게로 돌아갔다.

상황을 보고 받은 오디세우스는 동료들을 구하기 위해 키르케의 궁전으로 향했다. 궁으로 가는 오디세우스 앞에 헤르메스가 나타났다. 헤르메스는 오디세우스에게 우윳빛 꽃을 피우는 '몰리'라는 약초를 건네주며 몇 가지 조언을 해주었다. 몰리는 키르케의 마법을 피할 수 있게 하는 약초였다.

오디세우스가 궁전에 도착하자 에우릴로코스에게 전해 들은 것처럼 키르케가 직접 나와 맞이하고는 음료를 내왔다. 오디세우스는 키르케가 건넨 음료를 단숨에 마셨지만, 헤르메스가 준 몰리 덕에 마법에 걸리지 않았다.

자신의 마법이 오디세우스에게 듣지 않자 키르케는 당황했다. 오디세우스는 그 기회를 놓치지 않았다. 칼을 빼들고 키르케에게 겨누었다. 키르케는 놀라면서도, 늠름한 오디세우스에게 반해서 그와 함께할 수 있게 해달라고 했다. 오디세우스는 돼지로 변한 동료들을 원래대로 돌아가게 해달라는 조건을 내걸었다. 키르케는 그 조건을 받아들였다. 그리고 약속대로 오디세

우스의 동료들을 모두 본래 모습으로 되돌려주었다. 그날부터 그들과 오디세우스는 키르케의 궁전에서 날마다 산해진미를 맛보며 시간 가는 줄 모르고 살았다.

하지만 오디세우스와 동료들의 마음엔 고향에 대한 그리움이 자리 잡고 있었다. 아이아이아 섬에서 지낸 지 1년이 흐른 어느 날, 오디세우스는 동료들과 함께 고향으로 돌아가겠다고 키르케에게 말했다. 키르케는 그를 붙들지 않았다. 오히려 그에게 주의사항을 알려주었다. 일행이 모두 무사히 귀향하기 위해서는 저승 세계에 가서 예언자 테이레시아스를 만나 조언을 구해야 한다고 했다. 저승은 살아있는 사람이 갈 수 없는 곳이었다. 그렇지만 오디세우스는 키르케가 준비해준 제물을 저승의 왕에게 바치고 죽은 영혼들에게 제사를 지냈기에 다녀올 수 있었다.

키르케는 오디세우스가 저승 방문을 마친 후 최종 귀향길에 오를 때 겪

키르케와 오디세우스의 친구들,
브리튼 리비에르

게 될 위험을 피할 수 있는 방법까지 자세히 알려주었다.

키르케가 알려준 위험은 모두 세 가지였다. 첫 번째 위험은 아름다운 노랫소리로 사람을 홀려서 물 속으로 끌어들여 죽이는 세이렌들이었다. 오디세우스는 동료들의 귀를 밀랍으로 막아 세이렌의 노랫소리가 들리지 않게 했다. 그리고 호기심 많은 자신은 세이렌의 노랫소리를 듣고도 바닷물에 끌려들어가지 않게끔 굵은 밧줄로 돛대에 몸을 동여맸다. 덕분에 일행은 무사히 빠져나갔다.

두 번째 위험과 세 번째 위험은 마주보고 있는 거대한 바위산 두 개에 각각 자리 잡은 스킬라와 카리브디스였다. 키르케의 질투 때문에 괴물이 된 스킬라는 하반신에 달린 여섯 개의 머리로 한 번에 여섯 개의 먹이를 게걸스럽게 먹어치웠다. 맞은 편 바위 아래에 사는 카리브디스는 주변의 바닷물을 쭉 빨아들였다 내뱉는 방식으로 먹잇감을 포획했다. 카리브디스가 물을 빨아들일 때 생기는 소용돌이는 주변에 있는 것을 하나도 남김없이 집어삼켰다.

두 괴물을 전부 다 피해갈 수는 없었다. 두 바위 사이에 난 좁은 해협이 유일한 뱃길이었다. 두 바위 중 어느 쪽으로 붙어서 갈 것인지 선택해야만 했다. 오디세우스는 키르케에게 조언 받은 대로 스킬라가 있는 바위에 붙어가는 길을 선택했다. 여섯 명의 동료가 스킬라의 먹잇감으로 희생되긴 했지만, 그것이 최선의 선택이었다. 만약 카리브디스 쪽으로 갔다면 배가 통째로 소용돌이에 빨려 들어가서 모두가 죽었을 것이다.

스킬라와 카리브디스라는 두 괴물의 사이를 통과한 오디세우스의 이 일화에서 'between Scylla and Charybdis'라는 영어숙어가 유래했다. 한

자성어 '진퇴양난(進退兩難)' 혹은 '진퇴유곡(進退維谷)'처럼 '앞으로 나아가기도 어렵고 뒤로 물러서기도 힘든 상태, 즉 이러지도 못하고 저러지도 못하는 상태'를 가리킬 때 사용된다.

　키르케는 솔직하고 당당하게 자기표현을 하는 여성이었다. 원하는 것을 얻기 위해서 자신이 지닌 능력을 최대한 활용했으며, 장애물이 있으면 과감하게 제거했다. 목표를 달성하기 위해 할 수 있는 일을 다했지만, 어려울 때는 물러설 줄도 알았다. 분별력도 갖추고 있었다. 사랑에 눈 먼 조카 메데이아가 아버지의 추격을 피하기 위해 동생을 잔인하게 살해하고 아이아이아 섬에 도피했을 때였다. 키르케는 메데이아의 패륜적 행위에 분노했다. 그녀는 메데이아를 크게 꾸짖고는 자신의 섬에서 추방했다. 키르케는 마녀로 불리긴 했으나 미워할 수만은 없는 마녀였다.

칼립소,
오디세우스를 7년간 붙들어 둔 요정

오디세우스는 키르케의 섬을 떠난 후 저승에 가서 예언자 테이레시아스를 만났다. 예언자는 오디세우스 일행이 귀향길에 한 섬에 들르게 될 텐데 거기 있는 가축을 절대로 도축하지 말라고 경고했다. 경고를 지키면 모두가 무사히 고향에 갈 수 있겠지만, 그러지 않으면 가축의 주인인 태양신의 노여움을 사게 될 거라는 얘기였다.

오디세우스 일행은 키르케가 알려준 방법으로 스킬라와 카리브디스 사이를 통과한 후 테이레시아스가 말한 그 섬에 도착했다. 때마침 폭풍우가 몰아쳤다. 오디세우스 일행은 풍랑을 피해 그곳에서 한 달가량 머물렀다. 체류 기간이 길어지면서 키르케가 준 식량이 바닥났다. 굶주린 일행은 들판에 있는 태양신의 가축에 손을 댔다. 오디세우스가 잠시 자리를 비운 사이에 벌어진 사건이었다. 오디세우스는 뒤늦게 사실을 알고는 불같이 화를 냈다. 그러나 이미 돌이킬 수 없는 일이었다.

폭풍우가 완전히 멎고 바다가 잔잔해지자 오디세우스 일행은 다시 항해를 시작했다. 섬이 시야에서 사라질 즈음 난데없이 돌풍과 비바람이 휘

몰아치더니 배가 산산조각 났다. 태양신의 가축을 함부로 도축한 대가였다. 모두가 물에 빠져 죽고 오디세우스만이 살아남았다. 오디세우스는 부서진 배의 잔해를 붙잡고 며칠 동안 표류하다가 외딴 섬 바닷가에 밀려들어갔다.

오디세우스가 떠밀려간 섬은 바다의 요정 칼립소가 사는 오기기아 섬이었다. 칼립소는 티탄 신족인 아틀라스의 딸로 오기기아 섬에 있는 동굴에서 홀로 살고 있었다. 해안을 거닐던 칼립소는 쓰러져 있는 오디세우스를 발견하고는 자신의 동굴로 데리고 갔다.

칼립소는 오디세우스가 마음에 들었다. 뜻밖에 굴러들어온 복덩이 같았다. 그녀는 오디세우스를 놓치고 싶지 않았다. 그의 환심을 사기 위해 상냥하고 다정하게 온갖 친절을 베풀었다, 또 아름답게 치장하고는 매일 밤 사랑을 속삭였다.

오기기아 섬의 풍광은 무척 아름다웠다. 칼립소가 사는 동굴 주변은 더더욱 그랬다. 오리나무, 백양나무, 삼나무, 포도나무 등 각종 나무가 풍성한 숲을 이루고 있었다. 네 개의 샘에서는 맑은 물이 흘러넘쳤다. 야트막한 동산처럼 다져진 동굴 입구에는 부드러운 풀이 융단처럼 깔려 있었다, 풀 사이사이로 아름다운 야생화가 흐드러지게 피었다.

지상 낙원과도 같은 그곳에서 아름다운 요정 칼립소로부터 극진한 대접을 받으면서도 오디세우스는 마음이 허전했다. 고향이 몹시 그리웠다. 오매불망 자신을 기다리고 있을 아내와 아들이 너무도 보고 싶었다. 당장 고향으로 돌아가고 싶었지만 타고 갈 배가 없었다. 오디세우스는 칼립소에게 배를 건조할 수 있게 도와달라고 부탁했다. 칼립소는 오디세우스를 위해 무엇이든 해주었지만, 그 부탁만큼은 좀처럼 들어주지 않았다. 매몰차게 거절하지는 않았지만, 이 핑계 저 핑계를 대며 대답을 회피했다.

오기기아 섬에서 보내는 날이 늘어갈수록 오디세우스의 향수병도 깊어졌다. 오디세우스는 매일 수평선을 바라보며 한숨을 내쉬고 눈물을 흘렸다. 보다 못한 아테나 여신이 제우스 신을 찾아가 오디세우스를 고향으로 돌아갈 수 있게 해주자고 청했다. 올림포스의 다른 신들도 오디세우스의 처지를 안타깝게 여겼다. 제우스는 오디세우스가 이타카에 있는 가족의 품으로 돌아갈 수 있게 하기로 마음먹고, 전령인 헤르메스 신을 칼립소에게 보냈다. 오디세우스가 오기기아 섬에 발이 묶인 지 무려 7년이 지난 때의 일이다.

헤르메스가 방문했을 때 칼립소는 노래를 흥얼거리며 베를 짜고 있었다. 동굴 안 화로에서는 삼나무와 향나무 장작이 짙은 향기를 내뿜으며 타고 있었다. 아늑하고 평온한 풍경이었다.

헤르메스로부터 오디세우스를 놓아주라는 말을 들었을 때 칼립소는 눈앞이 아득해졌다. 사랑하는 이와 함께하는 행복이 끝나는 것은 상상하는 것만으로도 고통스러웠다. 칼립소는 항의했다. 여신들이 인간 남성과 사랑에 빠질 때마다 질투하던 남신들이 이번에는 요정이 인간과 사랑을 나누는 것을 질투하는 것이냐고 따져 물었다. 그러면서 자신은 사랑을 포기할 수 없다고 말했다.

하지만 칼립소는 오디세우스를 떠나보낼 수밖에 없음을 알고 있었다. 올림포스 신들이 내린 결정을 거부할 힘도, 반박할 구실도 없었다. 억울하지만 칼립소는 헤르메스의 전언을 받아들이기로 했다.

칼립소가 오디세우스를 찾아보니 그는 해변의 바위에 걸터앉아서 바다 저편을 바라보며 긴 한숨을 내쉬고 있었다. 칼립소가 오디세우스에게 다가가 원한다면 고향으로 돌아가게 해주겠다고 말했다. 오디세우스는 귀를 의심했다. 그동안 고향으로 돌아갈 수 있게 해달라는 간곡한 요청을 수없이 했음에도 놓아주지 않았던 칼립소가 아니던가. 필시 어떤 음모가 숨어있을 것이라고 오디세우스는 생각했다. 그렇지 않고서야 칼립소가 이리 갑작스럽게, 그것도 자발적으로 자신을 놓아줄 리가 없다고 여겼다. 칼립소는 그를 놓아주겠다는 약속을 꼭 지키겠다며 하늘과 땅, 그리고 저승의 강인 스틱스에 대고 맹세했다. 그러자 비로소 오디세우스의 의심이 풀렸다.

오디세우스의 귀향을 위한 본격적인 채비가 시작되었다. 오디세우스는 칼립소의 조언대로 섬의 나무를 베어다 뗏목을 만들었다. 채비가 착착 진행되어갈수록 칼립소의 마음은 점점 쓸쓸해졌다. 신들의 명령에 불복하지 못해 오디세우스를 보내주기로 했지만, 그에 대한 미련은 날로 커져만 갔던 것이다.

마침내 오디세우스가 타고 갈 거대한 뗏목이 완성됐다. 칼립소는 오디세우스와의 마지막 만찬을 준비했다. 함께 만찬을 나누는 자리에서 칼립소는 오디세우스를 붙들어 보려 이런 저런 시도를 했다. 귀향길이 순탄치 않을 것이라고 은근히 겁을 주었다. 어쩌면 위험한 고비를 넘기지 못하고 목숨을 잃을 수도 있으니 차라리 떠나지 말라고도 했다. 또 자신과 함께 섬에 머문다면 영원히 늙지도 죽지도 않게 해주겠다고 속삭이기도 했다. 그러나 그 어떤 위협이나 달콤한 유혹도 고향에 있는 가족에게 돌아가겠다는 오디세우스의 의지를 꺾을 수 없었다.

오디세우스를 구조하는 칼립소, 코르넬리스 반 푸렌뷔르흐

비록 오디세우스를 붙들지 못했지만, 칼립소는 그를 원망하거나 저주하지 않았다. 오히려 오디세우스에게 향기로운 옷을 입히고, 뗏목에는 음식과 음료를 한가득 실어주었다. 또 마지막 선물로 따뜻하고 온화한 바람을 일으켜주었다. 오디세우스가 탄 뗏목이 순조롭게 항해할 수 있도록 도와주려는 것이었다. 덕분에 오디세우스는 한동안 순항할 수 있었다. 밤하늘에 반짝이는 큰곰자리를 길잡이로 삼으면서.

나우시카,
곤경에 처한 나그네를 도운 마음씨 고운 공주

지중해에 있는 스케리아 섬은 신들의 축복을 받은 낙원으로 알려진 곳이었다. 그곳에 사는 파이아케스 족은 바다의 신 포세이돈의 아들을 조상으로 둔 종족이었다. 그들은 전쟁을 싫어하고 평화를 사랑하며 항해술이 매우 뛰어났다.

스케리아의 왕 알키노오스는 평화를 사랑하는 파이아케스 족의 지도자답게 온화하고 너그러운 인물이었다. 그는 스케리아 백성들에게 늘 타인을 배려하고 섬을 방문한 이방인을 따뜻하게 맞이하고 대접하라고 가르쳤다.

알키노오스 왕에게는 다섯 명의 아들과 외동딸 나우시카가 있었다. 어느 날 밤 아테나 여신이 나우시카의 꿈에 찾아가 날이 밝으면 바닷가에 가서 빨래를 하라고 얘기했다. 잠에서 깬 나우시카는 노새가 끄는 짐수레에 빨랫감을 싣고 바닷가로 갔다. 짐수레에는 음식과 포도주, 몸에 바를 올리브유가 한가득 들어있었다.

나우시카와 시녀들은 강과 바다가 만나는 합수지점에 다다랐다. 그녀들은 강가에서 빨랫감을 깨끗하게 빤 뒤 나뭇가지에다 널어두었다. 빨래가 마르는 동안 음식과 포도주를 먹으며 즐거운 시간을 보냈다. 수다를 떨기도 하고, 나우시카의 선창에 맞춰 다함께 노래를 부르기도 했다. 적당히 배를 채운 뒤에는 바닷가로 자리를 옮겨 공놀이를 했다. 한창 공을 주거니 받거니 하던 중에 나우시카가 던진 공이 한 시녀의 손을 맞고 튕겨져 나가 물에 빠져버렸다. 그들은 요란하게 소리를 지르며 공이 빠진 곳으로 우르르 달려갔다. 잠시 후 깔깔대던 소녀들의 웃음소리가 뚝 그쳤다. 공을 건지러 가던 중에 웬 벌거벗은 사내와 맞닥뜨렸기 때문이다.

나우시카와 시녀들의 앞에 등장한 사내는 오디세우스였다. 오디세우스는 트로이 전쟁이 끝난 뒤 함선을 타고 고향으로 향했다. 그러나 그의 귀향길은 순탄치 않았다. 아찔한 모험이 거듭되었으며, 바다 요정 칼립소가 사는 오기기아 섬에서는 7년이나 발이 묶였다. 어렵사리 칼립소의 섬을 떠나왔건만, 이번에는 바다의 신 포세이돈이 일으킨 폭풍우를 뒤집어썼다. 폭풍은 오디세우스가 탄 뗏목을 박살냈다.

오디세우스는 부서진 뗏목의 잔해를 붙들고 바다를 표류했다. 다행히 잠잠해진 파도가 오디세우스를 스케리아 섬의 해안 풀숲으로 밀어 넣었다. 목숨을 건지기는 했지만, 그의 몸은 만신창이가 된 상태였다. 오디세우스는 물에 휩쓸려 다니는 동안 벌거벗겨진 몸을 풀잎으로 대충 덮고는 기절하듯 잠이 들었다.

얼마쯤 지났을까. 오디세우스는 시끌벅적한 소리에 잠에서 깼다. 오디세우스는 소리가 나는 곳을 살펴보려고 빽빽한 수풀 사이로 얼굴을 갖다 댔다. 바로 그 순간이었다. 수풀이 한쪽으로 젖혀지더니 한 무리의 여자들이 들이닥쳤다. 조잘대던 소리가 뚝 그치는가 싶더니 곧이어 비명소리가 터졌다. 동시에 여자들이 사방으로 흩어졌는데, 단 한 여인만은 그 자리에 그대로 서서 오디세우스를 바라보았다. 나우시카였다.

"당신은 여신이오, 여인이오?" 먼저 침묵을 깬 건 오디세우스였다. 나우시카가 여인이라고 답했다. 오디세우스는 아르테미스 여신으로 착각할 만큼 품위 있는 외모를 지녔다며 나우시카를 추켜세웠다. 나우시카는 실제로 아름답고 기품이 넘치는 여인이었다. 그렇지만 오디세우스가 나우시카를 칭송한 더 큰 이유는 아마도 그녀의 경계를 풀고 환심을 사기 위해서였으리라.

오디세우스의 바람대로 나우시카는 그에게 경계심을 갖지 않았다. 오히려 따뜻한 어조로 "모든 나그네는 제우스 신이 보내신 이들이므로 합당한 보살핌을 받을 것"이라고 말하며 오디세우스를 안심시켰다. 그녀는 가지고 온 음식을 건네주어 오디세우스가 허기를 채울 수 있게 했다. 그리고 오디세우스가 벌거벗은 몸을 가릴 수 있도록 널어놓은 빨래에서 적당한 옷을 가져다주었다.

음식을 먹고 기력을 찾은 오디세우스는 강물에 몸을 씻은 후 나우시카가 준 옷을 입었다. 이때 아테나 여신이 나타나 오디세우스에게서 마치 신과 같은 위엄이 풍겨나게 해주었다. 오디세우스는 초췌하고 덥수룩한 부랑자의 모습에서 말쑥하고 품위 있는 모습으로 변신했다. 그 모습을 보고 나우시카는 호감을 느꼈다.

나우시카는 오디세우스에게 왕궁으로 가는 길을 알려주었다. 아울러 왕궁에 가면 가장 먼저 자신의 어머니인 아레테를 찾아가 자비를 구하라고

오디세우스를 발견한 나우시카, 장 베베르

귀띔해주었다. 그러고는 시녀들과 함께 먼저 왕궁으로 돌아갔다. 얼마 뒤 오디세우스도 왕궁으로 출발했다. 아테나 여신이 오디세우스의 주변에 안개를 피웠다. 왕궁으로 향하는 동안 사람들의 이목이 쏠리는 것을 막기 위해서였다.

오디세우스가 왕궁에 도착했을 때 왕국 사람들은 저녁 만찬을 즐기고 있었다. 오디세우스는 사람들 틈에서 아레테 왕비를 찾았다. 그는 왕비의 무릎을 덥석 붙들었다. 그리고 고국으로 가는 중에 갖은 고난을 겪으며 떠돌고 있는 나그네에게 자비를 베풀어 달라고 청원했다. 그 모습을 본 왕국의 원로 한 사람이 다가와 나그네를 식탁으로 이끌었다. 평소 손님 접대를 중요하게 여기는 알키노오스 왕은 아들의 자리 중 하나를 오디세우스에게 내주었다. 저녁을 먹으면서 오디세우스는 자신이 풍랑에 휩쓸려 스케리아에 오게 된 경위를 들려주었다.

다음날 알키노오스 왕은 범상치 않아 보이는 나그네를 위해 잔치를 열었다. 가수가 나와 트로이 전쟁을 소재로 한 노래를 불렀다. 자신의 이야기가 나오는 대목에서 오디세우스는 눈물을 삼켰다. 이어 다양한 경기가 시작됐다. 오디세우스는 원반던지기에서 누구도 대적하지 못할 실력을 보여줬다.

잔치가 끝난 뒤 열린 저녁 만찬 자리에서 오디세우스는 가수에게 트로이 전쟁에 대한 노래를 다시 한 번 불러달라고 청했다. 노래가 시작되고, 트로이 목마에 관련된 대목이 흘러나왔다. 오디세우스는 감정을 주체하지 못하고 통곡하기 시작했다. 알키노오스 왕이 그 이유를 물었다. 그제야 오디세우스가 자신의 이름을 말하고 트로이 전쟁과 귀향 과정에서 겪은 일들을 모두 들려주었다.

알키노오스 왕은 용맹하고 재치 있는 오디세우스가 무척 마음에 들었다. 그가 스케리아 섬에 남아 있기를 바라는 마음에 딸 나우시카와의 혼인을 제안했다. 첫 만남부터 오디세우스에게 호감을 느낀 나우시카 역시 아버지와 같은 마음이었다.

그러나 오디세우스는 알키노오스 왕의 제안을 완곡히 거절했다. 그는 길고도 파란만장한 여정을 끝내고 하루속히 그리운 가족에게로 돌아가고만 싶었다. 알키노오스 왕은 오디세우스의 심정을 이해하고 받아들였다. 뿐만 아니라 오디세우스가 무사히 고향으로 돌아갈 수 있도록 지원해주겠다고 약속했다.

오디세우스가 떠나는 날 알키노오스 왕은 쉰두 명의 젊은이들로 하여금 오디세우스를 호송하게 했다. 호송선에는 황금과 옷가지를 비롯한 귀한 선물들이 가득 실렸다. 나우시카는 오디세우스를 배웅하며 고향에 돌아가서도 이따금씩 자기를 생각해달라고 했다. 오디세우스는 흔쾌히 그러겠노라고 답했다. 맨몸으로 파도에 떠밀려와 아사 직전에 놓였던 자신을 구해준 나우시카였다. 스케리아에 머무는 동안 융숭한 대접을 받고, 다시 고향으로 갈 수 있게 된 것 또한 나우시카 덕분이었다. 그렇기에 오디세우스는 날마다 그녀를 위해 기도하겠다는 따뜻한 말을 마지막으로 건넸다. 작별인사를 마친 오디세우스는 이타카로 가는 배에 올랐다.

그리스로마 신화에는 남녀의 관계를 다룬 에피소드가 무수히 많다. 그중 오디세우스와 나우시카의 만남과 이별 이야기는 다른 에피소드들과 사뭇 다르다. 시기와 질투, 음모와 배신의 이야기가 전혀 없다. 티 없이 순수한 마음에서 비롯된 호감과 배려, 아름다운 이별의 장면만이 있을 뿐이다. 주고받는 대화에도 정감이 넘친다. 동화처럼 아름다운 이야기다.

페넬로페,
20년 동안 남편을 기다린 '인내'의 여인

페넬로페는 그리스군 최고의 지략가인 오디세우스의 아내다. 긴긴 세월 소식조차 끊긴 채 돌아오지 않는 남편을 기다린 인내의 여인이다.

오디세우스는 트로이 전쟁이 끝나고 귀향하는 길에 수많은 위기를 겪었다. 10년 동안 지중해 곳곳을 떠돌았다. 고향 이타카에서는 그의 생사조차 알 수 없게 됐다. 하지만 유랑 기간 내내 오디세우스가 힘들었던 것은 아니다. 요정 칼립소와 요정 키르케의 섬에 머물러 있는 동안에는 열락의 세월을 보내기도 했다. 한때나마 유랑의 고통과 고향에 대한 향수를 잊게 해주기에 충분했다.

이에 비해 오디세우스를 기다리며 보낸 페넬로페의 세월은 한숨과 슬픔의 나날이었다. 무뢰배 같은 구혼자들 때문에 하루도 편할 날이 없었다. 각지에서 백여 명의 남자들이 몰려와 페넬로페에게 구혼했다. 그렇지만 이들이 진정으로 원한 것은 페넬로페가 아니었다. 오디세우스가 다스리는 이타카 왕국과 그의 재산이었다. 구혼자들은 협박과 회유로 페넬로페에게 결혼을 요구하고 시녀들을 유혹했다. 이들은 페넬로페의 집에 눌러앉아 지내면서 원반던지기와 창던지기 같은 운동경기를 하거나 춤과 노래를 즐기며 무위도식했다. 오디세우스 집안의 가산은 탕진되어 갔다.

구혼자들은 어머니 페넬로페를 지키려는 아들 텔레마코스를 눈엣가시로 여겼다. 텔레마코스가 아버지 소식을 알아보러 나갔다가 돌아올 때 살해하기로 모의하기도 했다. 모의는 실패했지만, 그들은 음모를 거두지 않고 호시탐탐 기회를 노렸다.

그래도 페넬로페는 굴복하지 않았다. 그녀는 구혼자들의 집요한 청혼을 피하고 시간을 벌 수 있는 묘안을 짜냈다. 노쇠한 시아버지 라에르테스의 수의를 다 짤 때까지 기다려 달라고 요청한 것이다. 구혼자들은 별다른 의심 없이 페넬로페의 제안을 받아들였다. 페넬로페는 날마다 베틀로 천을 짜고는 남몰래 다시 푸는 방식으로 수년간 버텼다.

기다림의 시간은 고달팠다. 페넬로페는 거의 매일 홀로 눈물을 흘렸다. 그때마다 아테나 여신이 페넬로페에게 달콤한 잠을 내려주었다. 고통을 잊고 길고 긴 기다림의 시간을 견딜 수 있도록 도와준 것이다.

그러는 동안 오디세우스가 이타카로 돌아왔다. 페넬로페를 둘러싼 구혼자들의 계략을 알게 된 오디세우스는 자신의 신분을 숨긴 채 집으로 갔다. 아들 텔레마코스와 유모, 그리고 늙은 개만이 오디세우스를 알아봤다. 다른 사람들은 거지 같은 행색을 한 낯선 사내가 오디세우스라는 것을 알아채지 못했다. 페넬로페도 예외가 아니었다. 그녀는 오디세우스와 정면으로 마주쳤을 때도 그를 알아보지 못하고 "나그네"라고 불렀다.

돌아온 오디세우스는 아들 텔레마코스와 몰래 만나서 구혼자들을 물리칠 방법을 의논했다. 그 무렵 페넬로페는 거짓으로 수의를 짜는 것을 구혼자들에게 들켜버렸다. 수의를 짠다는 구실로 시간을 버는 것도 불가능해졌다. 그래서 페넬로페는 활과 열두 자루의 도끼를 가지고 와서 구혼자들에게 마지막 제안을 했다. 열두 자루의 도끼를 한 줄로 늘어놓고 활을 쏴서 그것을 단번에 꿰뚫는 사람과 결혼하겠다는 것이었다.

이는 오디세우스가 트로이 전쟁에 출전하기 전에 이미 해본 적 있는 시합이었다. 페넬로페가 가져온 활도 다름 아닌 오디세우스의 것이었다. 구혼자들 중 그 누구도 이 일을 해내지 못했다. 그러나 오디세우스는 능숙하게 자신의 활을 들어 도끼 자루들을 한꺼번에 꿰뚫었다. 그러고는 아들 텔레마코스와 사전에 모의한 대로 출입구를 모두 막고 구혼자들을 모조리 해치웠다.

오디세우스가 구혼자들과 일전을 벌이는 동안 페넬로페는 아테네 여신의 도움으로 깊은 잠에 빠져 있었다. 잠에서 깬 페넬로페 앞에 구혼자들을 물리친 오디세우스가 찾아왔다. 그러나 페넬로페는 여전히 남편을 알아보지 못했다. 아들과 유모는 그가 오디세우스라고 말했지만 페넬로페는 쉽사리 믿지 않았다. 페넬로페는 그가 진짜 오디세우스인지 확인해 보려고 유모에게 방 안에 있는 침대를 밖으로 내놓으라고 지시했다. 옆에서 듣고 있던 오디세우스가 그것은 불가능할 것이라고 대답했다. 그 침대는 마당에 있던 거대한 올리브나무를 뿌리가 박혀 있는 그대로 깎아 만든 것이었다. 그리고 완성된 침대 둘레에 벽을 세우고 방을 만들었기에 침대를 옮길 수 없었다. 이는 페넬로페와 오디세우스 둘만의 비밀이었다. 비로소 페넬로페는 눈앞의 사내가 오디세우스임을 인정했다. 그녀는 한눈에 알아보지 못하고 쉽게 믿지도 못한 것을 서운해 하지 말아달라고 말했다. 오디세우스는

아내가 오랜 시간 무뢰배들에게 시달려오면서 누구도 믿지 못하게 되었음을 이해했다.

그렇게 부부는 20년 만에 재회했다. 두 사람은 부둥켜안고 한참을 울었다. 그동안의 에피소드와 무용담을 서로에게 들려주며 회포를 풀고 진한 사랑을 나누었다. 아테나 여신은 두 사람이 긴긴 밤을 함께 할 수 있도록 새벽의 여신을 바다에다 붙들어두었다.

20년 동안 변함없이 남편을 기다리는 것은 쉬운 일이 아니다. 더욱이 그 남편의 생사도 알 수 없는 가운데 유혹의 마수가 끊이지 않을 때는 더욱 버티기 힘들다. 강인한 인내력과 높은 지조를 갖춘 사람만이 그런 기다림의 세월을 견뎌낼 수 있다. 페넬로페가 바로 그런 여인이었다.

페넬로페, 존 로뎀 스펜서 스탠호프

카산드라,
아무도 믿어주지 않은 예언자

오늘날 사회적 현상을 일컫는 용어 중에 '카산드라 콤플렉스'라는 말이 있다. 맞는 예언을 하지만 아무도 믿지 않거나 믿고 싶어 하지 않는 현상을 가리키는 말이다. 이 말은 그리스로마 신화에 등장하는 여인 카산드라에서 비롯됐다.

카산드라는 트로이 왕국의 마지막 왕 프리아모스의 딸이다. 그녀는 트로이의 왕녀들 가운데 가장 아름다워서 '황금의 아프로디테'로 불리기도 했다. 많은 남성들이 아름다운 카산드라를 흠모했다. 신도 예외가 아니었다.

태양과 음악과 시와 의술과 궁술, 그리고 예언을 관장하는 신 아폴론은 아름다운 카산드라를 마음에 품었다. 아폴론이 구애했을 때 카산드라는 당돌하게도 조건을 하나 내걸었다. 예언 능력을 갖게 해달라는 것이었다. 인간으로서는 부족함이 없던 카산드라였기에 인간의 능력을 넘어서고 싶어 했다.

사랑에 눈이 먼 아폴론은 흔쾌히 카산드라의 요구를 받아들였다. 하지만 카산드라는 신의를 저버렸다. 발칙하게도 그녀는 원하는 것만 취하고는 아폴론을 밀어냈다. 아폴론은 당황했다. 그는 누구와도 비할 수 없을 만큼 다재다능했으며 누구나 인정할 만큼 잘생긴 신이었다. '감히 나를 거부하다니, 그것도 나의 진심을 이용해서 이득만을 취하고서!' 당혹감은 곧 분노로 바뀌었다. 아폴론은 분노를 숨기고 카산드라에게 마지막 키스를 애원했다. 카산드라는 마지못해 허락했다. 아폴론은 카산드라의 입술에 키스하며 그 입에서 나오는 모든 말의 신뢰를 앗아갔다.

신을 우롱한 대가는 혹독했다. 카산드라는 미래를 보는 눈을 갖게 됐지만, 그걸로 끝이었다. 누구도 그녀의 말을 믿지 않았다. 그녀는 다가올 미래를 예언했지만, 단 한 사람도 그녀의 말에 귀 기울이지 않았다.

트로이 멸망의 원인을 제공한 파리스 왕자는 태어나기 전부터 그 운명이 예견돼 있었다. 출산을 앞둔 헤카베 왕비는 왕국의 멸망을 암시하는 꿈을 꾸었다. 나라를 걱정한 프리아모스 왕은 막 태어난 파리스를 트로이 왕국 밖에 내다버리게 했다. 하지만 파리스는 죽지 않고 살아남아 다시 트로이로 돌아왔다. 그때 가족 중 아무도 알아보지 못한 파리스를 최초로 알아본 것은 카산드라였다. 카산드라는 파리스로 인해 닥치게 될 재앙을 예견하고는 가족들에게 그를 받아들이지 말고 죽이라고 말했다. 하지만 어떤 부모가 자식을 두 번씩이나 죽이려 들 수 있겠는가. 핏덩이 아들을 버린 뒤로 내내 죄책감을 갖고 살던 왕과 왕비는 딸의 말을 묵살했다.

파리스가 그리스 최고 미녀이자 스파르타의 왕비인 헬레네를 데리러 스파르타로 가려 할 때도 마찬가지였다. 카산드라는 절대로 그를 가게 하면 안 된다며 막아섰다. 카산드라는 파리스와 헬레네의 결합이 트로이 왕국의 멸망을 초래할 것임을 알고 있었다. 그녀는 필사적으로 위험성을 경고했지만 공허한 외침일 뿐이었다.

결국 파리스는 헬레네를 트로이에 데려왔다. 아내를 빼앗긴 스파르타 왕 메넬라오스는 그리스 연합군을 결성해 트로이를 침공했다. 전쟁은 장장 십년 동안 이어졌다. 땅 위의 모든 것이 파괴되고 수많은 영웅들이 죽음을 맞이했으나 전쟁의 승패는 쉽사리 나지 않았다.

지긋지긋한 전쟁은 그리스 연합군의 지략가인 오디세우스가 고안해낸 전술로 인해 변곡점을 맞이한다. 그리스군은 거대한 목마를 만들어서 그 안에 군사들을 채워 넣은 뒤 트로이 성문 앞에 놓아두고 물러갔다. 트로이 사람들은 그리스군이 완전히 퇴각한 것으로 오인했다. 그들은 목마를 멋진 전리품으로 여기고 성 안으로 들이려 했다.

카산드라는 목마를 들이는 순간 트로이가 패망할 것임을 알았다. 그녀는 목마를 들여서는 안 된다고 외쳤다. 외침은 절규에 가까웠다. 그러나 이번에도 역시 사람들은 귀를 닫은 채 그녀의 경고를 무시했다. 오직 한 사람, 포세이돈 신전의 사제인 라오콘만이 그녀의 말에 동조했다. 하지만 목마는 성 안으로 반입됐다. 결국 그 목마에 숨어있던 그리스군에 의해 트로이 왕국은 멸망했다. 트로이 사람들은 스스로 지옥의 문을 연 셈이다.

트로이 최후의 날, 성이 불타는 가운데 남자들은 도륙당하고 여자들은 겁탈당했다. 카산드라 역시 그랬다. 그리스 연합군 장수 가운데에는 로크리스 왕국의 왕자인 아이아스라는 자가 있었다. 그는 아테나 신전으로 도망친 카산드라를 끝까지 쫓아가서 여신상을 붙들고 저항하는 그녀의 육체를 무참히 짓밟았다. 이 사건은 아테나 여신의 노여움을 불러일으켰다. 여신의 제단에서 이런 불경한 짓을 벌인 것은 대놓고 여신을 모욕한 것과 같

아이아스와 카산드라, 솔로몬 조셉 솔로몬

앗다. 이 일로 인해 아이아스와 그리스군은 혹독한 대가를 치러야만 했다. 전쟁이 끝나고 그리스군이 본국으로 귀환할 때 아테나 여신은 제우스 신에게 폭풍우를 보내달라고 요청했다. 함선들이 난파하면서 아이아스뿐 아니라 무수히 많은 그리스군이 목숨을 잃었다. 그래도 분이 풀리지 않은 아테나 여신은 아이아스의 고향인 로크리스 왕국에 저주를 내려 기근과 전염병이 돌게 했다.

트로이 전쟁에서 승리한 그리스군은 트로이의 재물과 생존자들을 전리품으로 나누어 가졌다. 카산드라는 그리스군 총사령관 아가멤논에게 주어졌다. 카산드라는 아가멤논의 집안과 자신에게 닥칠 비극적인 미래를 알고 있었다. 트로이를 떠나기 전 카산드라는 자신이 본 미래를 주변에 알렸다. 아가멤논이 자신을 데리고 귀환함과 동시에 부인 클리타임네스트라와 그 정부의 손에 살해될 것이라는 예언이었다. 카산드라는 또 아가멤논의 아들 오레스테스가 아버지의 복수를 하기 위해 어머니를 죽이고 고통 속에 살게 될 것이라고 예고했다. 하지만 누구 하나 그녀의 예언을 귀담아듣지 않았다.

카산드라는 속절없이 죽음을 향해 갔다. 운명을 피할 길은 어디에도 없었다. 카산드라와 아가멤논이 미케네에 당도하자마자 예언은 하나씩 현실로 이루어졌다. 아가멤논의 피가 채 식기도 전에 클리타임네스트라의 칼날이 카산드라를 덮쳐왔다. 피할 수 없는 운명임을 알았기에 카산드라는 마지막 순간을 담대하게 받아들였다. "올 것은 오고야 만다"는 말을 남기고 눈을 감았다.

카산드라의 예언 능력은 실로 뛰어났다. 트로이를 떠나기 전에 그녀는 오디세우스가 곧바로 귀향하지 못하고 10년 동안 유랑하며 갖가지 모험을 할 것이라고 예언하기도 했다. 몰락한 조국을 탈출한 트로이 유민들이 우여곡절 끝에 이탈리아 땅으로 들어가서 새로운 왕국을 세울 것이라는 예언도 남겼다. 이런 예언은 모두 그대로 실현되었다.

이렇듯 카산드라는 고귀한 신분과 눈부신 외모, 탁월한 예언 능력을 지녔지만 불행한 삶을 살았다. 예언자에게 있어서 자신의 예언을 아무도 믿지 않는 것보다 더 큰 불행은 없을 것이다. 카산드라는 조국이 멸망하고 부모형제가 몰살당하는 것을 미리 알고 막아보려 했지만 이루지 못했다. 자기 자신의 죽음조차도 미리 알았지만 피하지 못했다. 카산드라에게 예언 능력은 저주와도 같은 것이었다. 앞날을 내다보지 못했다면 고통은 단 한 번으로 끝났을 것이다. 하지만 그녀는 미래를 보았고, 그로 인해 거듭되는 고통의 쳇바퀴 속에서 살아야만 했다.

중세의 시성 단테가 쓴 《신곡》의 지옥편에는 예언자들이 등장한다. 그들은 모두 머리가 뒤로 돌려져 있다. 생전에 끊임없이 앞날을 내다보려고 시도했기 때문에 지옥에서는 뒤를 바라보며 거꾸로 걸어가야 하는 벌을 받는다. 그들 중에는 칼카스, 암피아라오스, 테이레시아스 같은 그리스 신화 속 예언자들이 포함돼 있다. 그런데 카산드라의 이름은 언급되지 않는다. 삶 자체가 천형 같은 고통의 연속이었기에 지옥행은 면제받은 것일까?

폴릭세네,
아킬레우스 무덤에 제물로 바쳐지다

폴릭세네는 트로이 마지막 왕 프리아모스의 막내딸이다. 트로이가 멸망한 후 트로이 여인들은 하나같이 다 처량한 운명에 처해졌는데, 폴릭세네도 마찬가지였다.

전쟁에서 승리한 그리스군 장수들이 논공행상을 벌이며 전리품을 나누어가질 때였다. 갑자기 죽은 아킬레우스의 혼령이 나타나더니 폴릭세네를 자신의 전리품으로 달라고 요구했다. 죽은 영웅의 혼령이 요구하니 들어주지 않을 수 없었다. 결국 그녀는 아킬레우스의 무덤에 제물로 바쳐졌다.

아킬레우스는 왜 혼령으로 나타나 폴릭세네를 달라고 요구했을까? 그 배경은 이러하다.

트로이 전쟁이 한창일 때 아킬레우스는 총사령관 아가멤논과 크게 다툰 후 전투에 출정하지 않았다. 아킬레우스가 빠진 그리스군은 트로이군과의 전투에서 번번이 패배했다. 그리스군은 아킬레우스와 가장 절친한 사이

희생되는 폴릭세네, 샤를 르 브룅

174

인 파크로클로스를 아킬레우스에게 보내 다시 전투에 참여해 달라고 설득하게 했다. 하지만 아킬레우스는 마음을 바꾸지 않았다. 그러자 파크로클로스는 아킬레우스의 갑옷과 투구를 빌려 자신이 아킬레우스인 것처럼 위장하고 전투에 나갔다. 불패의 무장 아킬레우스가 다시 출전한 줄로만 안 트로이군은 사기를 잃고 잠시 전투에서 밀렸다. 그러다가 이내 속임수임을 깨닫고 전세를 역전시켰다. 그 와중에 파크로클로스는 트로이 왕자 헥토르에게 죽임을 당했다.

아집 때문에 둘도 없는 친구를 잃게 된 아킬레우스는 큰 죄책감을 느꼈다. 그 죄책감은 헥토르에 대한 증오로 바뀌었다. 아킬레우스는 다시 전투에 나서서 격전을 벌인 끝에 헥토르를 죽였다. 헥토르를 죽인 것으로도 분이 풀리지 않은 아킬레우스는 그의 시신을 전차에 매달고 달리는 만행을 저질렀다. 프리아모스 왕이 아킬레우스의 진지를 방문해 아들의 시신을 돌려달라고 간절히 애원한 끝에 헥토르의 시신을 돌려받았다.

그 일이 있은 후 어느 날 아킬레우스는 헥토르의 무덤가에서 슬피 우는 폴릭세네를 보고 한눈에 반했다. 아킬레우스는 프리아모스 왕을 찾아가 폴릭세네를 아내로 맞게 해달라고 청했다. 왕은 그리스 연합군이 전쟁을 포기하고 모두 철수한다면 딸을 주겠다고 했다. 하지만 연합군 전체를 철수시키는 것은 아킬레우스 권한 밖의 일이었다. 전쟁은 계속됐다. 조건이 받아들여지지 않았으므로 왕은 딸을 아킬레우스에게 보내지 않았다.

그러던 중에 트로이 왕자 트로일로스가 살해되는 일이 벌어졌다. 그리스 연합군 입장에서 트로일로스는 반드시 제거해야 할 존재였다. 트로일로스가 살아있는 한 트로이는 결코 전쟁에서 패하지 않을 것이라는 신탁이 있었기 때문이다. 트로일로스를 살해한 이는 헥토르를 죽였던 아킬레우스였다.

졸지에 아들 둘을 잃은 헤카베 왕비는 아킬레우스에게 원한을 품었다. 왕비는 남은 자식들과 함께 복수하기로 마음먹었다. 폴릭세네는 자신에게 푹 빠진 아킬레우스에게 접근했다. 아킬레우스가 그 어떤 무기에도 상처 입지 않는 반불사의 몸이지만, 한 가지 약점이 있다는 것을 그녀는 알아냈다. 그것은 바로 발목이었다. 폴릭세네는 둘만의 결혼식을 올리자며 아킬레우스를 아폴론 신전으로 유인했다. 아킬레우스가 신전에 들어서자 미리 매복해 있던 트로이 왕자 파리스가 그를 향해 활을 쐈다. 화살은 정확히 아킬레우스의 발목 뒤쪽에 날아가 박혔다. 테티스 여신이 불사의 몸으로 만들려고 애썼던 아들 아킬레우스는 그렇게 최후를 맞이했다.

그 후로도 전쟁은 계속됐다. 그러다 마침내 오디세우스의 지략에 힘입어 그리스 연합군이 트로이 성을 함락했다. 성이 함락된 날 아킬레우스의 아들 네오프톨레모스는 트로이 왕 프리아모스를 살해했다.

승리자들이 전리품을 나눌 때 아킬레우스의 혼령이 나타났다. 혼령은 자신을 죽음으로 몰고 간 폴릭세네를 달라고 요구했다. 연합군 지휘부는 격론 끝에 폴릭세네를 제물로 바쳐 아킬레우스의 혼을 달래기로 했다. 총사령관 아가멤논과 몇몇이 이에 반대하기는 했지만, 찬성하는 이가 월등히 많았다.

오디세우스가 폴릭세네를 아킬레우스의 무덤으로 데리고 가는 일을 맡았다. 헤카베 왕비가 폴릭세네를 끌고 가려는 오디세우스의 앞을 막아섰다. 왕비는 자신이 주도하여 아킬레우스를 죽였으므로 폴릭세네를 희생시키는 것은 옳지 않다고 항변했다.

흥분한 헤카베를 진정시킨 것은 폴릭세네였다. 그녀는 오디세우스를 바라보며 자식을 살리고픈 어머니의 심정을 이해해달라고 말했다. 어머니를 향해서는 강한 자에 대항해 싸우려 하지 말라고 달랬다. 그녀는 그리스에 끌려가서 노예로 사느니 자유로운 몸으로 죽음을 맞겠다고 말했다. 부드럽지만 단호한 어조였다.

폴릭세네는 결국 아킬레우스의 무덤 앞에서 죽음을 맞았다. 자신을 끌고 가려는 그리스 병사의 손을 뿌리치고 제 발로 제단으로 들어서는 그녀의 모습은 의연하고 당당했다. 아킬레우스의 아들 네오프톨레모스의 칼이 자신을 내리치는 마지막 순간에도 폴릭세네는 품위를 잃지 않았다. 그녀가 남긴 마지막 말은 자신의 시신을 아무런 대가 없이 어머니에게 돌려보내달라는 것이었다.

폴릭세네는 끝까지 눈물을 보이지 않고 숨을 거두었다. 그 모습을 지켜본 수많은 그리스군 병사들은 슬픔의 눈물을 흘렸다. 고결한 모습으로 최후를 맞는 그녀의 모습에 감동한 것이다.

그리스군 총사령관 아가멤논은 폴릭세네의 시신을 그녀의 어머니에게 보내주라고 명했다. 탈티비오스가 그 일을 맡았다. 탈티비오스는 헤카베 왕비에게 폴릭세네가 왕족의 품위를 끝까지 유지하며 고귀한 모습으로 최후를 맞이했다고 알려주었다. 그는 왕비에게 "모든 여인들 가운데 가장 자식 복이 많으며 또한 가장 불운하다"라며 애도와 위로를 함께 전했다.

크레우사
가족을 모두 탈출시키고 실종된 여인

길고 긴 트로이 전쟁은 오디세우스의 목마 전술 덕에 그리스의 승리로 끝을 맺었다. 전쟁에서 패한 트로이 사람들은 서글픈 운명을 맞이했다. 프리아모스 왕을 비롯해 많은 사람들이 그리스군에게 살해당했다. 살아남은 사람들은 대부분 노예로 끌려갔다. 그들 중 일부는 탈출을 시도했으며, 그 와중에 거센 운명의 소용돌이에 휩쓸렸다. 최후의 순간까지 영웅적으로 분투하다가 스러진 이도 있었다. 그런 영웅적 인물 가운데 한 사람이 트로이 왕 프리아모스의 딸이자 트로이 장수 아이네이아스의 아내인 크레우사였다.

트로이가 함락된 뒤 성 안에서는 한바탕 도륙이 벌어졌다. 프리아모스 왕은 적장 네오프톨레모스의 칼에 잔인하게 살해됐다. 네오프톨레모스는 헥토르의 아들 아스티아낙스를 성벽 아래로 내던져 죽이고, 헥토르의 아내 안드로마케를 노예로 끌고 갔다. 공주 카산드라도 그리스군 총사령관 아가멤논의 노예로 끌려갔다. 곳곳이 불타오르는 가운데 학살당하는 이와 도망가는 이들이 뒤섞여 도시는 아비규환이었다.

이러한 상황을 지켜보며 아이네이아스는 더 이상 희망이 없음을 깨달았다. 그는 얼른 가족들을 데리고 트로이를 탈출해야겠다고 생각했다. 그때 신전에 숨어서 상황을 살피고 있는 헬레네가 아이네이아스의 눈에 들어왔다. 헬레네는 트로이 전쟁의 도화선이 된 여인이었다. 스파르타 왕 메넬라오스의 부인이었던 헬레네가 트로이 왕자 파리스와 눈이 맞아 도망치는 바람에 트로이 전쟁이 일어났던 것이다. 그녀를 본 순간 아이네이아스는 분노가 치솟았다. 당장 죽여 없애겠다고 달려갔다. 그런데 갑자기 어디에선가 그의 어머니인 베누스(아프로디테) 여신이 나타났다. 여신은 그의 앞을 가로막았다. 그리고 어서 집으로 달려가 가족과 함께 트로이를 탈출하라고 타일렀다.

아이네이아스는 어머니의 말대로 곧장 집으로 달려가 피난길에 오르려고 했다. 그런데 문제가 생겼다. 아버지 안키세스가 탈출을 거부하는 것이 아닌가. 안키세스는 자신을 두고 떠나라고 했다. 아들, 손자, 며느리가 함께 가자고 눈물로 호소했지만 소용없었다. 아마도 노쇠한 자신이 자식들의 탈출에 걸림돌이 될 것을 걱정한 때문이리라.

늙은 아버지를 차마 홀로 남겨두고 떠날 수는 없었다. 아이네이아스는 아버지가 함께 떠나지 않겠다면 자신도 그리스군에 맞서 최후까지 싸우다 죽겠노라고 외쳤다. 그러고는 칼과 방패를 들고 집을 뛰쳐나가려고 했다. 바로 그때 아내 크레우사가 그를 붙들었다.

전쟁의 승패는 이미 결정난 상태였다. 이런 상황에서 아이네이아스가 싸우다 전사하면 남은 일가족에게 닥칠 운명은 뻔했다. 죽임을 당하거나 노예로 끌려가거나 둘 중 하나였다. 크레우사는 이를 너무도 잘 알고 있었다.

그녀는 어린 아들을 남편 앞에 세우고는 간절하게 말했다. 어차피 싸우다 죽을 거라면 굳이 나가 싸우지 말고 자신들 곁에서 싸워 달라고. 살아도 함께 살고 죽어도 함께 죽자고.

그때 어린 아들의 정수리에서 빛이 쏟아져 나오는 신비로운 현상이 일어났다. 그리스도교에서 말하는 성령강림과 비슷한 현상이었다. 곧이어 우레와 함께 번쩍이는 유성 하나가 이다 산 위로 떨어졌다. 가족들은 이런 현상들을 경이로운 기적으로 여기고 탈출하기로 뜻을 모았다. 안키세스도 마음을 바꿔 함께 탈출하기로 했다.

아이네이아스는 아버지를 둘러매고 한손으로는 신상을, 다른 한손으로는 아들의 손을 꼭 쥐고 집을 빠져나왔다. 더없이 경건하고 효성스런 모습이었다. 크레우사가 그 뒤를 따랐다. 그들은 그리스 병사들의 눈을 피해가며 아수라장을 헤쳐 나가 피난 행렬에 합류했다.

그런데 이게 웬일인가! 크레우사가 보이지 않았다. 아이네이아스는 가슴이 내려앉았다. 그는 아버지와 아들을 안전한 곳에 대피시킨 뒤 아내를 찾으러 다시 트로이 성으로 돌아갔다. 집과 도시 구석구석을 뒤지며 아내를 찾아 헤맸다. 그러나 크레우사는 어디에도 없었다.

얼마나 지났을까. 절망에 빠진 아이네이아스 앞에 크레우사가 나타났다. 하지만 그것은 진짜 크레우사가 아니라 그녀의 환영이었다. 크레우사의 환영이 슬픔에 빠진 아이네이아스를 어루만졌다. 환영은 더 이상 자신을 찾지 말라고 말했다. 자신은 가족과 함께 갈 수 없으며, 그것은 신의 뜻이라고 했다. 그리고 자신들의 아들을 언제까지나 사랑해달라는 마지막 말을 남기고는 서서히 사라져갔다. 환영이 사라진 자리에서 눈물이 바람

에 흩날렸다.

그렇게 크레우사와 아이네이아스는 영원한 작별을 했다. 참으로 가혹하고 슬픈 운명이 아닐 수 없다. 홀로 돌아간 아이네이아스와 그 가족은 다른 피난민들과 함께 배를 타고 트로이를 탈출했다. 아이네이아스는 트로이 유민들을 이끌고 긴긴 유랑 생활을 거쳐 이탈리아에 정착했다. 그리고 그곳에서 훗날 로마의 모태가 되는 새 왕국을 세웠다. 트로이 멸망의 날, 크레우사가 뛰쳐나가는 아이네이아스를 붙들지 않았다면 로마는 건국되지 못했을지도 모른다.

싸우러 나가려는 아이네이아스를 붙잡는 크레우사, 조제프 베누아 수베

안드로마케,
거친 운명의 파도 끝에 맞이한 행운

안드로마케는 트로이 왕국의 왕자이자 총사령관이었던 헥토르의 아내였다. 트로이 전쟁이 일어나지 않았다면 안드로마케는 왕비가 되어 최고의 부귀영화를 누릴 수 있었다. 그러나 전쟁이 그녀의 운명을 완전히 뒤집고 말았다.

안드로마케의 고향인 킬리키아 테바이 왕국은 일찌감치 아킬레우스가 이끈 그리스군에 점령당했다. 그녀의 아버지 에에티온 왕과 오라비 일곱 명은 모두 아킬레우스와 싸우다 전사했다. 노예가 된 어머니 역시 얼마 못 가 죽음을 맞았다. 말하자면 그녀에게 아킬레우스는 불구대천의 원수였다. 그런데 이제 남편 헥토르마저 아킬레우스와 물러설 수 없는 일전을 벌이게 됐다.

헥토르가 아킬레우스와 최후의 결전을 벌이러 나갈 때 안드로마케는 통곡했다. 헥토르가 다시 돌아오지 못할 거란 걸 예감해서였다. 헥토르가 죽으면 트로이 왕국이 무너지고, 자신과 아들의 운도 함께 무너지리라는 것을 안드로마케는 알고 있었다.

헥토르는 그리스군을 맞아 직접 전투를 벌이거나 트로이군을 총지휘하면서 무수히 많은 승리를 이끌어왔다. 혼자서 트로이를 지킨 것이나 다름없었다. 그러나 승리는 더 이상 헥토르의 편이 아니었다. 일대일 전투에서 헥토르는 아킬레우스에게 목숨을 잃었다.

아킬레우스는 헥토르의 시신을 전차에 매달아 끌고 다니며 능욕했다. 트로이 왕 프리아모스는 직접 그리스군 진영에 찾아가서 아킬레우스에게 아들의 시신을 돌려달라고 간청했다. 어렵게 되찾은 남편의 시신 앞에서 안드로마케는 어린 아들을 안고 구슬피 울었다.

헥토르가 전사한 뒤에도 트로이 성은 바로 함락되지 않았다. 에티오피아 왕국과 아마조네스가 트로이를 지원해준 덕분이었다. 한동안 전쟁은 계속됐고, 헥토르의 형제들은 아킬레우스를 죽여 복수에 성공했다. 그렇지만 대세는 안드로마케의 예감대로 흘러갔다. 오래지 않아 그리스군은 트로이 성을 함락했다.

아킬레우스의 아들 네오프톨레모스는 성을 함락하자마자 트로이 왕 프리아모스를 살해했다. 뿐만 아니었다. 그는 어린 헥토르의 아들 아스티아낙스를 성탑에서 내던져 살해했고, 안드로마케를 노예이자 첩으로 삼았다. 안드로마케는 불구대천 원수 집안의 노예가 되었다. 정말 기구한 운명이 아닐 수 없다. 인간이 이토록 굴욕적인 상황에 놓이는 일은 찾아보기 힘들 정도로 드물다. 그래도 안드로마케는 꾹 참고 저항하지 않았다. 담담히 자신의 운명을 받아들였다.

안드로마케의 삶은 그리스로 끌려간 이후에도 파란의 연속이었다. 안드로마케는 네오프톨레모스에게 아들 몰로소스를 낳아주었다. 이로 인해 네오프톨레모스의 정실부인 헤르미오네와 그녀의 아버지인 스파르타 왕 메넬라오스에게 미움을 샀다. 그들은 안드로마케가 네오프톨레모스의 사랑을 가로챘다고 생각했다. 헤르미오네는 안드로마케가 약물을 써서 자신이 아이를 가질 수 없게 만들었으며, 예쁜 외모로 남편을 꼬드긴 요물이라고 몰아세웠다. 그러자 안드로마케는 "남편의 마음을 즐겁게 하는 것은 미색

이 아니라 미덕"이라고 반박했다.

　헤르미오네와 메넬라오스 부녀는 네오프톨레모스가 집을 비운 사이에 안드로마케와 아들 몰로소스를 죽이려고 했다. 죽음을 눈앞에 두고도 안드로마케는 당당했다. 살려달라고 애원하기는커녕 오히려 상대를 꾸짖었다. 다행히도 안드로마케는 아킬레우스의 아버지 펠레우스의 도움으로 목숨을 구한다. 남편을 죽인 원수의 아버지가 이번에는 은인이 되어 준 것이다. 구사일생으로 목숨을 건지긴 했지만, 또 다른 악운이 기다리고 있었다. 델포이 신전에 신탁을 물으러 간 네오프톨레모스가 헤르미오네의 사촌이자 그녀의 원래 약혼자였던 오레스테스의 손에 살해됐다.

　운명의 변전을 거듭 겪은 안드로마케에게 또 한 번의 반전이 찾아왔다. 오갈 데

노예로 끌려가는 안드로마케,
프레드릭 레이튼

없는 신세가 된 그녀 앞에 시동생이었던 헬레노스가 나타났다. 헬레노스도 트로이가 멸망한 후 네오프톨레모스의 포로가 되었다. 그러다 귀향길에 위험에 처한 네오프톨레모스를 도운 공으로 자유의 몸이 된 상태였다. 두 사람은 에페이로스 부근에 트로이와 닮은 새 왕국 부트로톤을 세우고 남은 생을 함께했다. 거듭된 불행 끝에 안정이 찾아온 셈이다.

얼마 뒤 안드로마케는 아이네이아스와도 해후했다. 트로이를 탈출한 뒤 새로운 정착지를 찾아 항해하던 아이네이아스가 잠깐 한 왕국에 정박했는데, 우연찮게도 그곳이 부트로톤이었던 것이다.

아이네이아스를 만난 안드로마케는 울음을 터트렸다. 그동안 겪었던 고생과 역경의 기억들이 주마등처럼 떠오르며 한꺼번에 눈물이 쏟아져 나왔다. 트로이 탈출 후 지중해를 떠돌며 갖은 시련을 겪고 있던 아이네이아스 역시 눈물을 감출 수 없었다. 두 사람은 그동안 겪은 일을 서로에게 이야기해주며 회포를 풀었다. 그리고 며칠 뒤 아이네이아스는 자신에게 주어진 운명에 따라 다시 배를 타고 유랑길에 오른다.

안드로마케는 '이 운명에서 저 운명으로' 넘나들며 가슴 아픈 일을 수없이 겪었다. 하지만 그녀는 자신을 향해 몰아치는 거친 운명의 파도를 용감하게 받아들였다. 한순간도 침착함을 잃지 않았다. 그리고 끝내 행운을 얻었다.

헤카베,
자식들의 비참한 최후를 목격한 어머니

헤카베는 트로이 왕국의 마지막 왕비다. 그녀는 프리아모스 왕과의 사이에서 여러 자녀를 두었다. 부강한 왕국에서 가장 권세 높고 다복한 여인이었다. 그러나 영원할 것만 같던 그녀의 행복은 트로이 전쟁의 발발과 함께 무참히 깨졌다.

비극은 헤카베의 둘째 아들 파리스로부터 시작됐다. 스파르타에 사신으로 간 파리스는 메넬라오스 왕의 아내 헬레네와 눈이 맞았다. 사랑에 빠진 헬레네는 남편이 왕궁을 비운 사이 자식도 버리고 파리스와 함께 트로이로 가버렸다. 이 일로 트로이 전쟁이 일어났다. 메넬라오스 왕은 그리스 전역에서 장수들을 모아 연합군을 결성하여 트로이를 침공했다.

트로이 전쟁에서 헤카베는 사랑하는 자식을 차례로 잃었다. 특히 맏아들 헥토르의 죽음은 헤카베뿐 아니라 트로이 왕국 전체의 운명을 기울게 만들었다. 트로이가 막강한 그리스 연합군을 맞아 오랜 세월 버틸 수 있었던 것은 총사령관 헥토르의 활약 덕분이었다. 그런 헥토르가 그리스 장수 아킬레우스와 일대일로 맞붙었다가 전사했다.

아킬레우스는 헥토르를 죽인 것으로도 모자라 그 시신을 자기 전차에 매달고 달리는 만행을 저질렀다. 자식의 죽음으로 상처 입은 부모의 가슴에 또다시 대못을 박는 행위였다. 헤카베는 성 위에서 아들의 시신이 모욕당하는 모습을 보고 가슴을 치며 통곡했다. 보다 못한 프리아모스 왕이 직접 아킬레우스를 찾아가서 아들의 시신을 돌려달라고 호소했다. 부정에 감동한 아킬레우스는 프리아모스 왕의 청을 들어주었다. 헥토르의 시신이 돌아오는 날 헤카베는 다시금 목 놓아 울었다. 그녀의 통곡을 듣고 트로이 여인들이 모두 함께 흐느꼈다.

둘째 아들 파리스가 독화살로 아킬레우스의 급소를 맞춰 죽임으로써 헤카베 가슴에 사무친 원한이 풀어지는 듯했다. 그러나 파리스도 얼마 후 적군의 화살에 맞아 전사했다. 그리고 트로이 성은 거대한 목마 속에 숨어 침투한 그리스군에 의해 끝내 함락됐다.

헤카베는 그리스군의 전리품 신세가 되었다. 적국의 노예가 되는 것은 고귀한 왕비의 신분이었던 헤카베에게는 죽음보다 더 치욕적인 일이었으리라. 헤카베에게 닥친 비극은 여기서 끝나지 않았다. 그녀는 막내딸 폴릭세네가 아킬레우스의 영혼을 달래는 제물로 바쳐지는 것을 보았다. 어머니로서 딸의 희생을 막기 위해 할 수 있는 일은 아무것도 없었다.

헤카베의 눈에서 눈물이 채 마르기도 전에 새로운 불행이 닥쳤다. 막내아들 폴리도로스의 시신이 바닷가에서 발견됐다. 전쟁이 한창일 때 프리아모스와 헤카베 부부는 어린 폴리도로스만은 전쟁의 참화를 피하게 하고 싶었다. 그래서 그를 사위인 트라케 왕 폴리메스토르에게 맡겼다. 엄청난 양의 황금도 함께 보냈다. 그런데 트로이가 멸망하자 폴리메스토르는 의지할

폴리메스토르의 눈을 도려내는 헤카베, 주세페 마리아 크레스피

곳 없는 폴리도로스를 죽이고 황금을 가로챘다.

아들의 참혹한 시신을 본 헤카베는 참기 힘든 분노를 느꼈다. 그녀는 그리스군 총사령관 아가멤논을 찾아가 분하고 억울한 심정을 토로했다. 아가멤논은 헤카베의 상황에 동정심을 느꼈다. 게다가 아가멤논은 헤카베의 딸 카산드라에게 빠져있던 참이었다. 그래서 헤카베가 아들의 복수를 할 수 있게 해달라고 청했을 때 그것을 암묵적으로 허용했다.

때마침 폴리메스토르는 두 아들과 함께 그리스군 진지에 와 있었다. 헤카베는 의논할 게 있다며 폴리메스토르와 그의 아들들을 자신의 거처에 불러들였다. 그곳에서는 트로이의 여인들이 모여 복수의 칼을 갈고 있었다. 헤카베와 트로이의 여인들은 힘을 합쳐 폴리메스토르의 두 아들을 죽였다. 그런 다음 폴리메스토르의 두 눈을 도려내어 죽였다. 아가멤논은 폴리메스토르 부자의 살인에 직접 가담하지는 않았다. 그렇지만 헤카베의 복수가 끝난 뒤 수하들을 시켜 그들의 시신을 무인도에 내다버리게 했다.

헤카베는 손자 아스티아낙스의 죽음도 보았다. 아스티아낙스는 헤카베의 맏아들 헥토르와 안드로마케 사이에서 태어난 자식이다. 트로이가 함락되자 안드로마케는 그리스군이 트로이의 마지막 왕손을 살려두지 않으리란 예감에 아들을 숨겨두었다. 그러나 그리스군은 아스티아낙스를 찾아냈다. 아스티아낙스를 살려두자는 의견이 소수 있기는 했다. 그렇지만 그리스군 지략가인 오디세우스는 아스티아낙스가 트로이 왕국의 왕위 계승자이므로 후환을 없애기 위해서 죽여야 한다고 강력하게 주장했다. 결국 오디세우스의 의견이 받아들여져 아스티아낙스는 죽임을 당했다.

남은 딸 카산드라의 운명 또한 죽음을 피하지 못했다. 아가멤논은 카산드라를 자신의 전리품으로 챙겨 고국으로 데리고 갔다. 그러나 카산드라는 미케네에 도착하자마자 아가멤논의 부인 클리타임네스트라의 손에 살해됐다.

헤카베의 자녀들은 모두 죽거나 행방불명이 되고 며느리 안드로마케만이 살아남았다. 포로 신세가 되어 그리스군의 배에 실려 가면서 안드로마케는 자신의 처지를 몹시 비관했다. 그녀는 죽은 폴릭세네가 자신보다 훨씬 더 행복할 것이라며 탄식했다. 헤카베는 그런 며느리에게 "그래도 삶에는 희망이 있다"며 위로하고 용기를 주었다.

헤카베는 지난 삶에서 이룬 것들을 이렇듯 패전으로 말미암아 모두 잃었다. 남편을 잃고, 조국은 사라졌으며, 고귀한 신분에서 하루아침에 비천한 신분이 되었다. 하지만 그녀를 가장 고통스럽게 한 것은 수많은 자식들의 죽음을 그저 지켜볼 수밖에 없었다는 것이다.

그녀는 자식을 모두 잃은 슬픔과 고통을 이기지 못하고 개가 되어 떠돌아다녔다고 한다. 그녀는 며느리에게 '죽음보다 삶'을 역설했지만, 어쩌면 내심으로는 '삶이 아닌 죽음'을 원했을지도 모르겠다.

헬레네,
눈부신 아름다움이 초래한 전쟁

트로이 전쟁. 수많은 영웅이 죽음을 맞고, 번영을 누리던 한 왕국이 역사 속으로 사라지게 된 이 전쟁은 한 여인 때문에 일어났다. 절세미녀로 불리는 헬레네가 그 주인공이다.

헬레네는 스파르타 왕 틴다레오스와 왕비 레다 사이에 태어난 네 자녀 중 하나다. 아름다운 왕비 레다에게 반한 제우스 신이 백조로 변신하여 그녀를 유혹해서 낳은 자식이라고 전해진다.

어릴 때부터 눈에 띄는 미모로 명성이 자자하던 헬레네는 열두 살 때 아테네 왕 테세우스에게 납치당했다. 헬레네를 데려온 테세우스는 곧바로 친구 페이리토오스와 함께 저승 세계로 갔다. 페이리토오스가 자신의 신부로 점찍은 페르세포네를 데려오기 위해서였다. 그런데 저승의 신 하데스가 자기 아내인 페르세포네를 내어줄 리 없었다. 하데스는 두 사람을 망각의 의자에 앉혀 저승에 붙들어 두었다. 그 사이 스파르타의 왕자가 군대를 이끌고 아테네로 쳐들어가서 헬레네를 구출해갔다.

헬레네가 돌아오자 그리스 전역에서 구혼자들이 몰려들었다. 왕국의 왕자들은 물론이고 이름난 영웅들이 헬레네의 짝이 되기 위해 스파르타로 갔다. 오디세우스, 디오메데스, 아이아스, 파트로클로스, 필록테테스 등 구혼자는 서른 명을 훌쩍 넘겼다.

우열을 가리기 힘들 만큼 구혼자들의 면면이 훌륭했다. 스파르타 왕 틴다레오스는 사윗감 선택을 두고 고민에 빠졌다. 혈기왕성한 젊은이들이 혹시라도 틴다레오스의 결정에 불복하여 말썽을 일으킬지도 모를 일이었다. 궁리 끝에 틴다레오스는 구혼자들에게 서로 협약을 맺게 했다. 누가 헬레네의 신랑으로 선택되든 그 결정을 받아들인다는 약속이었다. 협약에는 만약 미래에 헬레네에게 무슨 일이 생긴다면 다함께 힘을 합쳐 그녀를 구하러 나선다는 맹세도 담겼다. 이 협약은 훗날 트로이 전쟁에 참전하는 그리스 연합군이 결성되는 근거가 된다.

구혼자들 사이에 협약이 맺어진 후 틴다레오스 왕은 그들 중에서 메넬라오스를 자신의 사위로 선택했다. 틴다레오스 왕은 사위 메넬라오스에게 스파르타의 왕위를 물려주고 세상을 떠났다. 헬레네와 메넬라오스는 자녀를 낳고 행복한 나날을 보냈다.

그러던 어느 날 헬레네의 인생을 완전히 뒤흔들어 놓는 일이 일어났다. 트로이 왕자 파리스가 스파르타를 방문한 것이다. 메넬라오스는 친분이 있던 파리스를 반갑게 맞이하고 궁에 머물게 했다. 파리스는 극진한 대접을 받으면서도 배신의 음모를 꾸미고 있었다. 그는 메넬라오스가 외할아버지의 장례식에 참석하기 위해 스파르타를 떠나자 헬레네를 유혹하여 트로이로 데려갔다.

이 어처구니없는 애정행각의 이면에는 복잡하게 뒤얽힌 신들의 이야기가 숨겨져 있다. 이야기의 전모는 이러하다.

바다의 여신 테티스와 프티아 왕국의 왕 펠레우스가 펠리온 산에서 결혼식을 올렸다. 이 성대한 결혼식에는 올림포스의 신이 모두 초대됐다. 그렇지만 불화의 여신 에리스는 초대받지 못했다. 앙심을 품은 에리스가 결혼식 피로연장을 찾아가 하객들을 향해 황금사과 한 알을 던졌다. 사과에는 '가장 아름다운 여인에게'라는 글귀가 적혀 있었다.

그러자 세 명의 여신 헤라, 아테네, 아프로디테가 황금사과를 차지하려 다툼을 벌였다. 피로연장에 있는 신들은 세 여신 중 누가 가장 아름다운지 판단하기를 주저했다. 보다 못한 제우스 신이 나서서 트로이 왕자 파리스에게 판결을 맡겼다.

세 여신은 파리스의 선택을 받기 위해 저마다 귀가 솔깃해질 만한 대가를 제시했다. 헤라는 세상을 지배할 권력을 주겠다고 했고, 아테네는 누구보다 뛰어난 지혜와 전쟁에서의 승리를 약속했다. 아프로디테는 세상에서 가장 아름다운 여인을 주겠다고 했다. 파리스는 최고의 미인을 얻는 쪽을 선택했다. 황금사과를 갖게 된 아프로디테는 파리스와 함께 스파르타로 갔다. 그리고 파리스가 당대 최고의 미인 헬레네를 얻을 수 있도록 도와주었다. 덕분에 헬레네는 불과 9일 만에 파리스의 유혹에 넘어갔다. 헬레네는 어린 딸마저 버려둔 채 파리스와 함께 사랑의 도피 행각을 벌이고야 말았다.

호의를 베푼 손님에게 아내를 빼앗긴 메넬라오스는 분노했다. 그는 치욕을 씻기 위해 예전 '구혼자 협약'을 맺었던 영웅들을 소집했다. 그들과 그리스 연합군을 결성하여 트로이를 공격하기로 했다. 트로이 전쟁의 막이

오른 것이다.

트로이 전쟁은 인간의 전쟁이면서 동시에 신들의 전쟁이었다. 파리스의 판결 때문에 황금사과를 얻지 못했던 두 여신 헤라와 아테네가 그리스 연합군의 편에 섰다. 헬레네와 파리스를 맺어준 아프로디테는 당연히 트로이의 편에 섰다. 세 여신 이외의 다른 신들도 저마다의 이유로 그리스 또는 트로이를 지원했다.

전쟁은 큰 유혈사태 없이 끝날 수도 있었다. 트로이 성 앞에 진을 친 그리스 연합군 측은 헬레네와 그녀가 가지고 간 보물들만 돌려준다면 철수하겠다고 제안했다. 더 이상 아무것도 따지지 않고 그리스로 돌아가겠다는 제의였다. 트로이의 장수들 중에도 그 제안에 동의하는 이들이 더러 있었다. 그러나 정작 전쟁의 원인을 제공한 파리스는 받아들이지 않았다. 그는 절대로 헬레네를 내주지 않겠다며 완강하게 거부했다.

전쟁은 10년 동안 이어졌다. 많은 영웅이 목숨을 잃었다. 전쟁이 거의 막바지에 이르렀을 즈음 파리스도 전사했다. 파리스가 죽자 그의 형제인 데이포보스와 헬레노스가 헬레네를 두고 경쟁을 벌였다. 헬레네는 경쟁에서 이긴 데이포보스와 다시 결혼했다. 그렇지만 둘의 결혼생활은 얼마 못가고 끝났다. 그리스의 승리로 전쟁이 끝났기 때문이다.

트로이 최후의 날, 헬레네는 첫 남편 메넬라오스를 배신했던 것처럼 데이포보스를 배신했다. 그녀는 데이포보스가 잠든 사이에 집안에 있는 무기를 모두 치워 버렸다. 그러고는 스스로 대문을 활짝 열어 메넬라오스를 맞았다. 무방비 상태이던 데이포보스는 제대로 싸우지도 못하고 메넬라오스의 칼에 죽음을 맞이했다.

메넬라오스는 자신을 배신하고 자식까지 버리고 간 헬레네를 몹시 미워했다. 그리스군과 트로이군 사이에서도 전쟁의 원인을 제공한 헬레네에 대한 원성이 자자했다. 그래서 메넬라오스는 헬레네를 잡으면 처형하리라 마음먹고 있었다.

헬레네는 데이포보스를 벤 메넬라오스의 칼끝이 자신을 향해 다가오자 두려움에 떨었다. 그녀의 옷매무세는 흐트러져 있었으며, 얼굴은 공포로 일그러져 있었다. 그래도 그녀는 여전히 눈부시게 아름다웠다. 그런 헬레네의 모습을 마주한 메넬라오스는 마음이 약해졌다. 헬레네는 그 틈을 놓치지 않고 눈물로 호소했다. 자신이 가족을 버리고 파리스를 따라나선 것은 아프로디테 여신의 계략 때문이었다고 했다. 자신의 선택이 아니라는 변명이었다. 파리스가 죽은 뒤 메넬라오스에게 돌아가기 위해 밧줄을 타고 트로이 성을 탈출하려고 했지만, 발각되어 실패했다고 헬레네는 주장했다.

결국 메넬라오스는 헬레네를 죽이지 못했다. 그리스군이 반발하자 메넬라오스는 헬레네를 스파르타로 데려가서 처형하겠다고 약속했다. 그러나 메넬라오스는 스파르타로 돌아간 뒤에도 헬레네를 죽이지 않았다. 오히려 마음의 빗장을 풀고 헬레네와 재결합했다.

전쟁은 그리스와 트로이 양측 모두에 깊은 상흔을 남겼다. 헤아릴 수 없이 많은 사람이 희생됐다. 전쟁에 패한 트로이는 잿더미가 되어 사라졌다. 트로이 왕가의 남자들은 헬레노스와 아이네이아스를 빼고 전부 죽었다. 여

트로이의 헬레네, 에블린 드 모르간

자들은 제물로 바쳐지거나 승리자의 전리품이 되어 끌려갔다. 비극은 전쟁에 휩쓸린 대부분의 사람을 찾아갔지만, 헬레네만은 비껴갔다. 그녀는 아무런 처벌도 받지 않고 고향과 가족의 품으로 되돌아갔다. 헬레네의 아름다움은 모든 이에게 불행을 안겨주었으나 그녀 자신에게는 행운을 가져다주었다. 행운과 불운은 이토록 불공평하다.

디도,
사랑을 잃고 죽음을 택한 여왕

트로이가 완전히 함락되기 직전에 아이네이아스는 한 무리의 유민들을 이끌고 성을 탈출했다. 그들은 새롭게 정착할 땅을 찾아서 배를 타고 이곳저곳을 떠돌았다. 그러던 어느 날 아이네이아스는 아폴론 신으로부터 어머니의 땅으로 가서 새 왕국을 건설하라는 신탁을 받았다. 그는 이탈리아 반도로 향했다.

항해를 하던 중 아이네이아스 일행은 거센 풍랑을 만났다. 배가 침몰할 뻔했지만 구사일생으로 살아나 아프리카 대륙에 상륙했다. 그들이 상륙한 곳은 여왕 디도가 다스리는 카르타고 왕국이었다.

디도는 페니키아 지방에 있는 티로스 왕국의 왕 무토의 딸이었다. 그녀는 아버지의 동생이자 엄청난 황금을 소유한 부자인 시카이우스와 결혼했다. 늙은 무토 왕은 아들 피그말리온과 딸 디도가 함께 사이좋게 왕국을 통치하기를 바란다는 유언을 남기고 세상을 떠났다.

그러나 피그말리온은 왕국을 독차지하고, 그것도 모자라 시카이우스의 황금에 눈독을 들였다. 결국 피그말리온은 시카이우스를 살해했다. 위험을 직감한 시카이우스는 살해당하기 전에 미리 황금을 숨겨둔 상태였다.

시카이우스는 혼령이 되어 아내 디도의 꿈에 찾아갔다. 혼령은 디도에게 자신의 죽음이 그녀의 오빠 피그말리온의 소행이라는 사실을 알려주었다. 잠에서 깬 디도는 남편이 숨겨둔 황금을 가지고 티로스 왕국을 빠져나갔다. 디도를 따르는 무리들도 동행했다. 디도 일행은 아프리카 대륙의 북쪽에 도착하여 그곳 토착 왕국의 왕에게 땅을 얻어서 새 왕국을 세웠다. 바로 카르타고 왕국이다. 토착 왕국의 왕이 디도에게 청혼했다. 하지만 디도는 청혼을 거절했다. 그녀는 자신의 왕국에 죽은 남편을 기리는 사당을 짓고 그를 그리워했다.

디도 여왕과 카르타고 백성들은 아이네이아스와 트로이 유민들이 풍랑을 피해 자신들의 왕국에 상륙하는 것을 기꺼이 허락했다. 디도는 오랜 항해에 지친 이 방문객들을 위해 성대한 연회를 베풀었다. 연회에서 아이네이아스는 길고도 참혹했던 트로이 전쟁에 대한 이야기를 해주었다. 트로이가 패망한 뒤 유민들을 이끌고 항해를 하면서 겪은 모험담도 들려주었다. 이야기를 듣는 동안 디도는 영웅다운 풍모를 지닌 아이네이아스에게 호감을 느꼈다.

그날 이후 디도는 아이네이아스와 함께 카르타고 왕국 곳곳을 다니며 많은 대화를 나누었다. 함께 보내는 시간이 많아짐에 따라 아이네이아스에 대한 디도의 호감도 점차 커져갔다. 디도의 가슴속에서는 시카이우스의 불행한 죽음 이후 꺼져버렸던 사랑의 불씨가 되살아났다.

애초 아이네이아스 일행이 항해 중에 풍랑을 맞아 카르타고에 상륙하게 된 것은 우연이 아니었다. 트로이 전쟁 때 그리스 편에 섰던 여신 헤라는 아이이네아스와 유민들이 이탈리아 반도에서 트로이를 잇는 새 왕국을 건설하려는 것을 못마땅하게 여겼다. 그래서 바람의 신에게 풍랑을 일으키게 했다. 헤라는 아이네이아스 일행이 풍랑에 휩쓸려 몰살되기를 원했다. 그렇지만 다행히 바다의 신 포세이돈이 그들을 도와 카르타고 왕국으로 인도했다.

미의 여신 베누스(아프로디테)는 자신의 아들인 아이네이아스가 카르타고에서 아무런 위험에 처하지 않고 편히 지내기를 바랐다. 가장 확실한 방법은 왕국 안에서 누구도 함부로 할 수 없는 힘, 즉 권세를 가지는 것이었다. 베누스는 카르타고의 절대권력자인 여왕을 이용하기로 했다. 여신은 아이네이아스와 함께 있는 디도 여왕에게 쿠피도(에로스)를 보내어 그 가슴에 사랑의 화살을 쏘게 했다.

디도의 사랑은 말하자면 철저히 계산된 여신의 의도대로 시작된 셈이다. 일단 싹튼 디도의 사랑은 걷잡을 수 없이 불타올랐다. 아이네이아스 역시 자신에게 진심을 다하는 디도를 사랑하게 됐다. 두 사람은 함께 사냥을 하고 연회를 즐기고 사랑을 나눴다. 어느새 아이네이아스는 디도와 함께 카르타고의 공동 통치자가 되었다.

카르타고에서 권력의 꼭짓점에 올라 안락한 삶을 누리는 동안 아이네이아스는 자신의 원대한 목표를 까맣게 잊었다. 그러던 어느 날 헤르메스 신이 아이네이아스를 찾아왔다. 헤르메스는 그에게 이탈리아 반도로 가서 새왕국을 세우려 했던 애초의 계획을 상기시켰다. 그러고는 곧장 카르타고를 떠나 과업을 완수하라는 제우스 신의 명령을 전했다.

그제야 아이네이아스는 잊고 지냈던 아폴론 신의 신탁을 기억해냈다.

그는 꿈보다 더욱 달콤한 현실과 사랑하는 디도, 이 모두를 뒤로 한 채 떠나야 한다는 게 몹시 아쉬웠다. 하지만 신들의 결정을 거역할 수 없었다. 고민은 짧았고 결정은 빨랐다. 그는 즉시 떠날 채비를 갖추었다.

디도는 떠나려는 아이네이아스를 붙들었다. 둘 사이의 행복했던 추억을 끄집어내며 떠나지 말라고 눈물로 호소했다. 달콤한 제안으로 유혹하거나 변심을 질책하며 화를 내기도 했다. 하지만 이미 떠나기로 마음을 굳힌 아이네이아스는 냉정했다. 결코 뒤돌아보지 않았다. 이제 그에게 유일하게 중요한 것은 사랑이 아니라 유민들과 함께 이탈리아 반도에서 새 왕국을 건설하는 것이었다.

아이네이아스는 디도에게 그동안 베푼 호의는 절대 잊지 않겠다는 빤한 인사를 건넸다. 그러면서 자신이 그녀를 떠나는 것은 신이 정한 숙명임을 강조했다. 사랑의 배신자는 그렇듯 무정하게 카르타고를 떠났다.

디도는 사무치는 배신감에 몸을 떨었다. 그녀는 군대를 보내 막 출항한 아이네이아스의 배를 공격하여 침몰시킬 수도 있었다. 하지만 그러지 않았다. 대신 그녀는 장작더미에 올라가 스스로 불을 붙이고 타죽는 길을 선택했다. 온몸이 타들어가는 고통 속에서 디도는 덧없는 사랑에 맹목적으로 빠져들었던 지난날을 후회했다.

마지막 순간에 디도는 아이네이아스가 세울 새 왕국을 저주하는 말을 남기고 숨을 거두었다. 그가 적대적인 부족의 공격에 시달리며 전우를 잃고, 훗날 그의 후손과 자신의 후손이 서로 처절한 싸움을 하게 되라는 내용이었다.

디도의 저주 때문이었을까? 아이네이아스는 이탈리아 대륙에 상륙한 뒤에 그곳 토착 세력들과 치열한 싸움을 벌였다. 싸움 끝에 간신히 터를 잡는 데는 성공했다. 그러나 그 과정에서 아이네이아스는 수없이 많은 전우를 잃었다.

아이네이아스가 세운 왕국은 훗날 거대한 제국을 이루는 로마의 전신이 된다. 로마 제국은 카르타고와 지중해 해상권을 놓고 세 차례에 걸친 전쟁을 치렀다. 그 유명한 포에니 전쟁이다. 2차 포에니 전쟁에서 한니발 장군이 이끄는 카르타고 군대는 눈 덮인 알프스 산맥을 넘어 로마 제국의 본토에까지 진격했다. 이때 로마는 엄청난 피해를 입었다. 하지만 로마의 수도 함락을 눈앞에 두고 한니발 장군은 군대를 철수시켜야 했다. 스키피오 장군이 로마군을 이끌고 지중해를 건너 카르타고를 침공했기 때문이다. 카르타고를 지키기 위해 회군한 한니발 장군은 스키피오 장군에게 패배했다. 그는 포로가 될 처지에 처하자 스스로 목숨을 끊었다. 그리고 3차 포에니 전쟁에서 패망한 카르타고는 결국 로마의 속주가 되었다.

사무치는 한을 품고 죽은 탓에 여왕 디도의 넋은 사후 세계에 곧바로 들어가지 못했다. 그녀의 영혼은 육신에 붙들린 채 괴로워하고 있었다. 헤라 여신이 그 모습을 안타깝게 여겼다. 여신은 무지개의 여신 이리스를 보내어 디도의 영혼을 수습하게 했다. 이리스는 디도의 머리카락을 잘라서 저승의 신에게 제물로 바쳤다. 그러자 비로소 디도의 넋이 한 많은 육신으로부터 풀려났다.

카르타고를 떠나 이탈리아 반도를 향해 가던 어느 날 아이네이아스의 꿈에 아버지 안키세스가 나타났다. 안키세스는 아들에게 직접 전할 말이 있으니 자신을 만나러 저승 세계에 오라고 했다. 꿈에서 깬 아이네이아스는 이

디도의 죽음, 헨리 본

탈리아 반도에 있는 쿠마이에 상륙해서 늙은 무녀 시빌레를 찾아갔다. 그는 무녀의 도움을 받아 저승 세계를 방문했다. 이때 아이네이아스는 죽은 디도의 영혼과 조우했다. 아이네이아스는 자기 때문에 디도가 자살한 것을 알고 죄책감을 느꼈다. 아이네이아스는 눈물을 흘리며 디도의 넋을 달래주려 했다. 그러나 디도는 끝내 그를 외면하고 사라져갔다.

카밀라,
기병을 이끌고 전쟁터를 누빈 여전사

카밀라는 이탈리아 중부의 라티움 지방에 살던 볼스키족 여전사다. 그녀의 아버지 메타부스는 볼스키족 왕이었으나 권력을 남용하다가 왕위에서 쫓겨났다. 메타부스는 쫓겨날 때 어린 카밀라를 데리고 도망쳤다.

도망가던 메타부스는 강가에서 큰 위기를 맞았다. 비가 많이 내려 강물이 크게 불어난 상태였다. 어린 딸을 안고는 도저히 건널 수 없을 만큼 강이 깊고 물살이 거셌다. 메타부스는 딸을 먼저 강 건너로 던져 놓고 자신은 헤엄쳐가기로 했다. 그는 디아나(아르테미스) 여신에게 딸의 목숨을 구해주면 여신의 시녀로 바치겠노라고 기도했다. 그는 딸 카밀라를 야생 코르크나무 껍질로 꽁꽁 둘러싼 다음 창 자루에 묶어 강 건너편으로 힘껏 던졌다.

카밀라를 매단 창은 강 건너편에 안전하게 내리꽂혔다. 메타부스도 급류를 헤치고 무사히 강을 건넜다. 디아나 여신이 메타부스의 기도를 들어준 것이다. 메타부스는 산 속에서 목동으로 지내면서 카밀라에게 말젖을 먹여 키웠다. 카밀라는 자라면서 창과 활과 투석기로 사냥하는 법을 배웠다. 그녀는 나이가 들어도 결혼할 생각일랑 아예 하지 않았다. 오직 디아나 여신만을 섬기며 살았다.

한편 트로이 영웅 아이네이아스는 트로이 유민들과 함께 떠돌다가 이탈리아의 라티움 지방에 상륙했다. 라티움족의 왕 라티누스는 아이네이아스 일행을 반갑게 맞이하고 그들이 정착할 수 있게 도와주었다.

라티누스 왕에게는 라비니아라는 무남독녀 외동딸이 있었다. 라비니아가 결혼 적령기에 이르자 여기저기에서 온 구혼자들이 줄을 이었다. 왕비 아마타의 적극적인 후원을 받아 이웃한 루툴리족의 왕 투르누스가 사윗감으로 선택됐다. 그런데 라티누스 왕이 성채를 짓고 아폴론 신에게 봉헌을 하는데 벌떼가 몰려오는 등 불길한 조짐이 잇따랐다. 불안한 왕은 신탁을 물었고 딸을 이방인에게 시집보내라는 답을 들었다. 신탁에 따라 왕은 투르누스와의 약혼을 파기하고 이방인인 아이네이아스에게 딸을 시집보내기로 했다.

그런데 결혼을 앞두고 트로이 유민 중 한 명이 라티움족이 신성시하는 동물을 죽이는 일이 벌어졌다. 이 일로 트로이 유민과 라티움족 사이에 싸움이 벌어졌고, 라티누스 왕은 아이네이아스와 딸을 결혼시키는 것을 망설였다. 그때 파혼당한 투르누스가 끼어들면서 싸움은 곧 전쟁으로 번졌다. 헤라 여신은 주저하는 라티누스 왕 대신 직접 야누스 신전의 문을 열어 전쟁을 선포했다. 아이네이아스는 그리스 아르카디아 지방에서 이주해온 부족과 동맹을 맺었다.

이 전쟁에서 카밀라는 라티움족과 볼스키족이 연합한 토착민들 편에 서서 싸웠다. 야생에서 성장한 카밀라는 웬만한 남자보다 전투력이 강했다. 그녀는 볼스키족 기병대를 이끌고 전투의 선봉에 나서며 투르누스와 역할을 분담했다. 투르누스는 적군이 진입할 길목에서 매복전을 펼치고, 카밀라는 들판에서 기병전을 벌였다.

카밀라는 디아나 여신이 준 칼과 화살로 무장하고 용맹하게 격전지를 누볐다. 카밀라의 맹활약 덕에 라티움 연합군은 기병전을 우세하게 이끌어갔다. 그녀는 아마존족 여전사처럼 한쪽 젖가슴을 드러낸 채 어깨에는 화살통을 메고 있었다. 때로는 창을 던지고 때로는 도끼를 휘두르며 맹렬하게 싸웠다. 그녀의 손에 트로이 장수들이 추풍낙엽처럼 쓰러졌다.

그런 그녀의 모습을 유심히 지켜보던 이가 있었다. 그는 토착민이었지만 트로이 편에 서서 싸우던 아룬스라는 사람이었다. 아룬스는 카밀라 주변을 맴돌며 기회를 노렸다. 마침내 그는 적을 추격하던 카밀라가 잠시 경계를 늦춘 틈을 타 결정적인 일격을 날렸다. 아룬스가 던진 창이 카밀라의 젖가슴 아래로 뚫고 들어갔다. 죽음이 그녀를 빠르게 에워싸고 있었다. 잠시 후 그녀는 "잘 있거라!"라는 말을 남기고 다시 돌아오지 못할 곳으로 가고 말았다.

아룬스는 카밀라를 쓰러뜨린 후 부리나케 도망쳤다. 자신의 계획이 성공했다는 기쁨도 컸지만, 그녀의 죽음 뒤 찾아올 후폭풍이 더욱 두려웠기 때문이다. 아룬스의 예감은 틀리지 않았다. 카밀라는 디아나 여신이 특별히 아끼던 여인이었다. 하늘에서 전투 장면을 내려다보고 있던 여신은 카밀라의 죽음에 크게 분노했다. 디아나는 자신을 따르는 요정 오피스에게 복수를 명했다. 아룬스는 오피스가 쏜 화살에 맞아 카밀라의 뒤를 이어 세상과 작별했다.

카밀라는 참으로 용감한 전사였다. 온전히 몸으로 싸우는 고대의 전투는

카밀라와 투르누스의 동맹, 프란체스코 데 무라

여성의 힘으로는 당해내기 어려운 것이었다. 그렇지만 카밀라는 남성들과 함께 기꺼이 전투에 참여했다. 뿐만 아니라 그 어떤 남성보다 더 두드러진 활약을 한 끝에 장렬하게 전사했다.

헤르실리아
로마에 납치된 사비니 여인, 평화의 사도가 되다

아이네이아스의 후손인 로물루스가 새 왕국 로마를 막 창건했을 때 모여든 사람들은 대부분 목동이거나 도둑질 같은 죄를 짓고 쫓겨난 남자들이었다. 새 왕국이 안정적으로 자리 잡으려면 인구가 늘어나야 하는데 여자가 절대적으로 부족했다. 남자들이 주변 왕국에서 아내를 맞으려 해도 쉽지가 않았다. 별 볼 일 없는 로마 남자에게 시집오겠다는 여자가 없었기 때문이다.

이 문제를 해결하기 위해 로물루스는 이웃한 사비니 왕국의 여자들을 납치하기로 했다. 그는 대규모 축제를 열어 사비니 사람들을 끌어들였다. 한창 분위기가 무르익었을 때 로마 청년들이 일제히 칼을 뽑고 사비니 여자들을 납치했다.

이날 수백 명의 여자들이 납치됐다. 그들 중 한 사람을 뺀 나머지는 모두 처녀였다. 여자들은 로마 남자들과 결혼해 자녀를 낳고 살았다. 유일하게 유부녀의 몸으로 납치당한 여자의 이름은 헤르실리아였다. 그녀는 사비니의 귀족 출신으로 납치된 뒤 로마 왕 로물루스의 아내가 됐다.

로마 남자들에게 자신의 딸과 누이와 아내를 빼앗긴 사비니 남자들은 복수의 칼을 갈았다. 그들은 군대를 양성하여 로마를 공격했다. 장기간 싸움이 이어진 끝에 타티우스가 이끄는 사비니 군대가 전세를 휘어잡기 시작했다. 수세에 몰린 로마군은 얼마 버티지 못하고 무너질 상황에 처했다.

일촉즉발의 위기 상황에서 여자들이 나타나 사비니 군대의 앞을 가로막았다. 아이를 안고 나온 여자도 있었다. 납치된 뒤 로마 남자들과 결혼해 살고 있던 사비니 여자들이었다. 로마 왕비가 된 헤르실리아의 주도로 전쟁을 중단시키러 나온 것이었다. 헤르실리아는 사비니 군대를 향해 공격을 멈추어달라고 호소했다. 그녀를 따라 다른 사비니 여자들도 더 이상 피 흘리는 싸움을 하지 말아달라고 눈물로 애원했다.

사비니 여자들에게 이 전쟁은 어느 쪽이 승리하든 비극일 수밖에 없었다. 비록 납치되긴 했지만, 이제 로마 남자는 자신의 남편이자 아이들의 아버지였다. 또 다른 쪽은 그녀들의 아버지요 형제였다. 양쪽 모두가 가족이었다. 그녀들은 가족 가운데 그 누구의 희생도 원하지 않았다.

호소하는 여자들 품에서 어린아이들이 조물조물 걸어 나왔다. 아무것도 모르는 아이들은 천진난만한 표정으로 싸움터 현장을 돌아다녔다. 군인들을 향해

중재하는 사비니 여인들, 자크 루이 다비드

까르르 웃으며 손을 내미는 아이도 있었다. 이제 군인들 중 누구도 칼을 휘두르지 않았다. 칼은 칼집으로 들어가고, 방패 위에는 아이들이 태워졌다. 조금 전까지만 해도 서로를 향해 칼을 겨누던 사람들이 어색한 미소를 띠고 마주했다. 장인과 사위가, 처남과 매부가 서로의 손을 맞잡았다.

그렇게 전쟁은 끝이 났다. 사비니 여자들의 호소가 받아들여진 것이다. 여자들은 각자의 남편과 자식들을 아버지와 형제들에게 소개했다. 부모들은 딸들이 사는 집을 방문하여 행복하게 살고 있음을 확인하고는 마음을 놓았다. 이때부터 로마인과 사비니인은 한데 어울려 살기 시작했다. 통치는 로물루스와 타티우스가 공동으로 했다.

세월이 흘러 로물루스가 세상을 떠났다. 남편이 죽자 헤르실리아는 깊은 슬픔에 빠졌다. 그 모습을 본 헤라 여신이 무지개의 여신 이리스를 보내 위로하면서 퀴리누스 언덕에 있는 숲으로 가보라고 했다. 헤르실리아가 그곳에 갔을 때 하늘에서 별 하나가 내려왔다. 헤르실리아는 그 별을 타고 하늘로 올라갔다. 로물루스가 그녀를 다정하게 맞이했다. 하늘에서 로물루스는 퀴리누스 신이 되고 헤르실리아는 호라 여신이 되어 다시 결합했다.

알타이아,
인류을 저버린 아들을 단죄했지만

아이톨리아 지방에 있는 칼리돈 왕국의 왕비 알타이아에게 어느 날 운명의 여신들이 찾아왔다. 여신들은 화덕 속 장작이 다 타고 나면 아들 멜레아그로스의 생명도 꺼질 것이라고 왕비에게 말했다. 그 말을 들은 알타이아는 황급히 화덕에서 장작을 꺼내어 불을 끈 다음 상자 속에 넣었다. 덕분에 어린 멜레아그로스는 죽음을 면했다.

　세월이 흘러 멜레아그로스는 건장한 성인이 되었다. 그러던 어느 해 가을, 왕과 왕비는 추수한 수확물로 신들에게 감사제를 올렸다. 그런데 제사를 지낼 때 그만 아르테미스 여신을 빠뜨리고 말았다. 화가 난 여신은 거대한 멧돼지 한 마리를 칼리돈 왕국에 보냈다. 멧돼지는 왕국 곳곳을 활개치고 다니며 농작물을 짓밟고 가축과 사람을 해쳤다.

　오이네우스 왕은 칼리돈을 발칵 뒤집어 놓은 멧돼지를 퇴치하기 위해 멧돼지 사냥 대회를 열었다. 멧돼지를 잡은 사람이 그 가죽을 포상으로 가지도록 했다. 사냥에 참가하기 위해 그리스의 여러 왕국에서 용사들이 몰려들었다. 테세우스, 페이리토오스, 아드메토스, 이아손, 링케우스, 텔라

몬, 암피아라오스, 폴리데우케스 등 내로라하는 영웅들이 참가했다. 그 사이에는 여걸 아탈란테도 끼어있었다. 칼리돈의 왕자 멜레아그로스와 그의 외삼촌들도 참가했다.

유일한 여성 참가자 아탈란테는 아르테미스 여신을 섬기는 사냥꾼이었다. 아탈란테는 태어나자마자 부모에 의해 숲에 버려졌지만, 한 사냥꾼에게 구조되어 강인하게 성장했다. 숲에서 사냥을 하며 자란 아탈란테는 활솜씨가 뛰어났다.

사냥이 시작되었지만 멧돼지는 쉽사리 잡히지 않았다. 위협을 느끼자 멧돼지는 더욱 포악하게 날뛰었고, 수많은 참가자들이 다치거나 목숨을 잃었다. 얼마나 지났을까. 공기를 가르는 소리와 함께 화살 하나가 날아가 멧돼지의 몸에 내리꽂혔다. 아탈란테가 쏜 화살이었다.

화살에 맞은 멧돼지는 피를 흘리며 비틀거렸다. 그 틈을 놓치지 않고 암피아라오스와 멜레아그로스가 멧돼지에게 창을 날렸다. 암피아라오스의 창은 멧돼지의 눈에, 멜레아그로스의 창은 멧돼지의 옆구리를 뚫고 심장에 박혔다.

멧돼지 가죽은 마지막으로 멧돼지 숨통을 끊은 멜레아그로스에게 주어졌다. 멜레아그로스는 그것을 아탈란테에게 주었다. 표면적으로는 멧돼지에게 최초로 치명상을 입힌 이가 아탈란테라는 이유를 들었다. 그렇지만 사실은 그녀에게 환심을 사려는 이유도 그에 못지않게 컸다.

사냥에 참가했던 이들은 멜레아그로스의 결정을 탐탁찮게 생각했다. 한낱 여자에게 공을 빼앗기는 것이 자존심 상했기 때문이다. 특히 두 사람이 거세게 반발했다. 바로 멜레아그로스의 외삼촌인 플렉시포스와 톡세우

멜레아그로스와 아탈란테, 야코프 요르단스

스였다. 두 사람은 멜레아그로스가 가지지 않겠다면 손윗사람인 자신들이 갖겠다며 아탈란테에게서 멧돼지 가죽을 빼앗았다. 이에 격분한 멜레아그로스는 그 자리에서 칼로 외삼촌들을 베어버렸다.

멜레아그로스가 외삼촌 둘을 죽였다는 소식은 곧 왕국 전체에 퍼졌다. 왕비 알타이아는 귀를 의심했다. 자신의 오라비들이 다른 사람도 아닌 자신의 아들 손에 죽임을 당했다는 말을 어찌 믿을 수 있단 말인가. 더욱 믿기 어려운 얘기는 그 패륜의 이유가 여자 때문이라는 것이었다.

알타이아는 사실을 받아들이려 하지 않았다. 그러다 마침내 진실과 대면하게 됐을 때 그녀는 이성을 상실하고 말았다. 그녀는 오래전 운명의 여신에게 들은 예언을 기억해내고는 깊숙이 숨겨뒀던 장작을 다시 꺼내어 불을 붙였다. 장작은 얼마 지나지 않아 모두 타버렸다. 예언처럼 멜레아그로스의 생명의 불도 함께 꺼졌다.

시간이 흐르고 알타이아는 이성을 되찾았다. 그러자 더한 고통이 그녀를 덮쳤다. 동시에 두 오라비를 잃은 슬픔과 자신의 손으로 아들을 죽였다는 죄책감이 함께 밀려들었다. 알타이아는 그 죄책감에서 끝내 헤어나지 못하고 스스로 목숨을 끊었다.

비블리스,
쌍둥이 오빠를 향한 어긋난 사랑

아폴론 신과 인간 여인 사이에서 태어난 밀레토스는 눈부시게 아름다운 미소년이었다. 그는 크레타 왕 미노스의 열렬한 사랑을 받았지만, 그 사랑을 거부했다. 화가 난 왕은 그를 크레타에서 추방했다.

쫓겨난 밀레토스는 이오니아 지방으로 건너가 자신의 왕국을 건설했다. 그에게는 카우노스라는 아들과 비블리스라는 딸이 있었다. 이란성 쌍둥이인 남매는 아버지를 닮아 매우 아름다웠다.

비블리스는 어려서부터 오빠 카우노스를 잘 따랐다. 오빠가 멋지고 자랑스럽고 든든하게 여겨졌다. 친오빠에 대한 비블리스의 존경과 애정은 커가면서 점차 연애 감정으로 바뀌어갔다. 오빠가 자신을 아름다운 여인으로 봐주길 바랐으며, 오빠가 다른 여자와 함께 있으면 질투심이 타올랐다. 오빠에 대한 비블리스의 감정은 날이 갈수록 깊어졌다. 그녀는 이제 오빠를 연인으로 생각했으며, 밤마다 오빠와 사랑을 나누는 꿈을 꾸기에 이르렀다.

오빠를 향한 사랑의 감정은 비블리스에게 행복과 불행을 동시에 느끼게 했다. 오빠를 생각하기만 해도 얼굴에 미소가 지어졌다. 반면 그를 만질 수도 그의 품에 안길 수도 없다는 사실은 그녀를 슬프게 했다.

그녀는 오빠에 대한 사랑이 금지된 것임을 알고 있었다. 하지만 그녀는 이를 쉽사리 받아들이기 힘들었다. 크로노스와 그의 아내 레아는 남매 사이였고, 제우스도 여동생 헤라와 결혼했다. 바람의 신 아이올로스의 자식들 또한 남매끼리 부부의 연을 맺지 않았던가. 신들의 세상에서는 허용되는 사랑이 왜 인간 세상에서는 터부시되는 것인가, 하고 그녀는 반문했다.

비블리스가 아무리 정당화하려 해도 그녀의 사랑은 허락되지 않는 것이었다. 비블리스는 헛된 감정을 접어보려 수차례 노력했다. 하지만 노력은 번번이 수포로 돌아갔다. 결국 그녀는 홀로 괴로워하지 말고 자신의 마음을 오빠에게 전하기로 마음먹었다.

과감한 결심을 했지만, 그녀가 수치심까지 완전히 잊은 것은 아니었다. 당당히 세상에 떠벌림으로써 오빠에게 자신의 감정을 전할 용기는 없었다. 대신 그녀는 밀랍 서판에다 글로 쓴 편지를 오빠에게 전하기로 했다.

비블리스는 쓰고 지우기를 여러 번 반복하며 편지를 완성했다. 담대한 마음과 부끄러운 마음이 함께 담긴 고백이었다. 편지의 서두는 '그대를 사랑하는 사람'이라는 글귀로 시작되었다. 글에는 애틋함이 절절이 묻어났다. 자신의 사랑을 받아주어 자신을 살리든 자신의 사랑을 거절하여 자신을 죽이든 둘 중 하나를 선택하라는 으름장을 놓기도 했다. 남매간의 사랑을 완성한 위대한 신들의 본보기를 따르자는 달콤한 꼬드김도 담겨 있었다. 편지의 마지막에는 이름이 새겨진 반지로 인장을 찍었다.

비블리스는 오빠에게 전달하라며 몸종에게 편지를 건네다가 그만 바닥에 떨어뜨렸다. 그녀는 알지 못했다. 이것이 다가 올 비극을 암시하는 전조

비블리스, 윌리엄 아돌프 부그로

라는 것을.

몸종에게 편지를 전해 받은 카우노스는 그 내용을 확인하자마자 불같이 화를 냈다. 하마터면 그 자리에서 편지를 가져온 몸종을 베어버릴 정도로 분노했다. 하지만 그는 가까스로 마음을 진정시키고는 몸종을 쫓아냈다.

비블리스는 오빠가 편지를 읽고 격하게 화를 냈다는 말을 들었다. 그녀는 그리 실망하지 않았다. 낙담은커녕 의지만 더욱 강해졌다. 오빠에게 마음을 전하는 방법이 서툴렀거나 시기가 잘 맞지 않았을 뿐이라고 생각했다. 열 번 찍어 넘어가지 않는 나무는 없다고 그녀는 믿었다.

계속되는 비블리스의 구애에도 카우노스는 마음을 열지 않았다. 어떠한 호통이나 타이름도 통하지 않자 카우노스는 왕국을 떠나버렸다. 그는 카리아 지방으로 가서 자신의 이름을 딴 카우노스 왕국을 세웠다.

오빠가 자신의 사랑을 거부하고 사라져버리자 비블리스는 충격에 휩싸였다. 슬픔은 그녀의 이성을 앗아갔다. 그녀는 옷을 찢고 광인처럼 날뛰며 울부짖었다. 그동안 수줍게 감춰왔던 오빠를 향한 뜨거운 사랑의 마음을 수많은 사람 앞에서 노골적으로 드러냈다.

급기야 비블리스는 집을 뛰쳐나갔다. 카우노스가 없는 곳은 그녀에게 더이상 머무를 의미가 없었다. 그녀는 숲과 들판을 정처 없이 헤맸다. 수풀을 헤치거나 들판을 달리며 애타게 오빠의 이름을 불렀다.

지친 비블리스는 어느 풀밭에 몸을 뉘었다. 요정들이 그녀의 곁으로 다가왔다. 비블리스는 누워서도 여전히 오빠 카우노스의 이름을 불렀다. 그녀의 눈에서 눈물이 폭포수처럼 흘렀다. 요정들은 그런 비블리스가 너무나도 안쓰러웠다. 그녀의 머리를 쓰다듬으며, 오빠는 그만 잊고 행복을 되찾으라고 다정하게 속삭였다.

　요정들의 위로와 관심도 비블리스의 슬픈 마음을 달래지 못했다. 소리 없이 눈물 흘리던 비블리스는 어느새 샘으로 변했다. 결코 마르지 않는 실개천이 그 샘으로부터 흘러나왔다.

　남매간의 사랑과 결혼에 관한 이야기는 세계 여러 민족의 설화에서 흔히 접할 수 있다. 최초의 조상이 어떻게 탄생했는지를 이야기하려면 남매혼을 끼워 넣지 않고는 설명하기가 쉽지 않기 때문일 것이다.

　그러나 문명화된 인간 사회에서 남매 사이의 사랑은 터부시되고, 그 끝은 대체로 비극으로 마무리된다. 그렇지만 과거에도 현재에도 남매간 사랑의 에피소드는 끊이지 않는다. 이렇듯 금지된 사랑이 사라지지 않는 이유는 금기일수록 더욱 원하는 인간의 본능 때문일까.

참고한 문헌

공동번역 성서, 대한성서공회, 1986년

공작부인 이야기, 제프리 초서 지음, 김재환 옮김, 나남, 2009년

그리스로마 희곡선, 아리스토파네스 외, 최현 역, 범우사, 1989년

그리스로마 신화사전, M.그랜트 J. 헤이즐 지음, 김진욱 옮김, 범우사,
　　　1993년

그리스로마 신화사전, 피에르 그리말 지음, 최애리 외 번역, 열린책들,
　　　2003년

그리스미술모방론, 요한 요하임 빙켈만 지음, 민주식 옮김, 도서출판 이론
　　　과실천, 1995년

그리스 신화의 이해, 이진성 지음, 아카넷, 2004년

그리스와 로마의 신화, 토마스 벌핀치 지음, 이윤기 옮김, 대원사, 1989년

단테의 신곡 에피소드와 함께 읽기, 차기태 지음, 필맥, 2015년

라케스, 플라톤 지음 한경자 옮김, 이제이북스, 2014년

로마의 축제일, 오비디우스 지음, 천병희 옮김, 한길사, 2005년

리바이어던 1과2, 토머스 홉스 지음 진석용 옮김, 나남, 2008년

미노스궁전에서, 니코스 카잔차키스 지음, 장홍 옮김, 고려원, 1993년

변신이야기, 오비디우스 지음, 천병희 옮김, 도서출판 숲, 2005년

소포클레스 비극전집, 소포클레스 지음, 천병희 옮김, 도서출판 숲, 2008년

시편과 아가, 최민순, 가톨릭출판사, 2014년

신그리스신화 1과 2와 3, 미하엘 쾰마이어 지음, 유혜자 옮김, 현암사,
　　1998년

신통기, 헤시오도스 지음, 김원익 옮김, 민음사, 2003년

신화의 세계, 박종성 강대진 지음, 한국방송통신대학교 출판부, 2006년

아르고호 이야기, 아폴로니오스 로디오스 지음, 강대진 옮김, 작은이야기,
　　2006년

아리스토파네스 희극전집 1과2, 아리스토파네스 지음, 천병희 옮김, 도서
　　출판 숲, 2010년

아이네이스, 베르길리우스 지음 천병희 옮김, 도서출판 숲, 2004년

아이스킬로스 비극전집, 아이스킬로스 지음, 천병희 옮김, 도서출판 숲,
　　2008년

에라스무스 격언집, 김남우 옮김 김태권 그림, 아모르문디, 2009년

에우리피데스 비극전집 1과2, 에우리피데스 지음, 도서출판 숲, 2009년

역사, 헤로도토스 지음, 박광순 옮김, 1987년, 범우사

오뒷세이아, 호메로스 지음, 천병희 옮김, 도서출판 숲, 2006년

원전으로 읽는 그리스신화, 아폴로도로스 지음, 천병희 옮김, 도서출판 숲,
　　2004년

이피게니에, 스텔라, 요한 볼프강 괴테 지음, 박찬기 외 옮김, 1999년

일리아스, 호메로스 지음, 천병희 옮김, 도서출판 숲, 2007년
초기 희랍의 문학과 철학 1과2, 헤르만 프랭켈 지음, 김남우 홍사현 옮김,
     아카넷, 2011년
플루타르크 영웅전 1~8, 플루타르코스 지음, 김병철 옮김, 범우사
황금당나귀, 루키우스 아풀레이우스 지음, 송병선 옮김, 시와사회, 1999년
그 밖의 그리스로마 신화가 언급된 여러 서양고전들